17-18세기

영국의 국민 통합과
프로테스탄티즘

17-18세기 영국의 국민 통합과 프로테스탄티즘

| 김성룡 지음 |

PROTESTANTISM

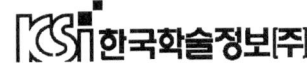한국학술정보㈜

차 례

책머리에 / 7

I. 머리말   11

II. 1603년의 왕실 통합   19

III. 국민 계약과 청교도 혁명   39

IV. 2차 내란에서 군사적 통합으로   53

V. 왕정복고에서 명예혁명으로   77

VI. 1707년의 국가 통합   95

VII. 국가 통합에서 국민 통합으로   111

VIII. 맺음말   139

참고문헌 / 145
색인 / 155

PROTESTANTISM

책머리에

2003년부터 영남신학대학교에서 역사 과목을 전담하게 되었다. 무척 기다리고 소망한 기회였다. 그러나 기쁨도 잠시였다. 새로운 고민거리가 생긴 것이다. 신학은 물론 교회사에 전문적 지식이 전혀 없는 필자가 비록 교양 과목이지만 과연 신학생들에게 필요한 역사를 가르칠 수 있을까? 하나님께서 무엇 때문에 주님의 몸 된 교회를 제대로 섬기지 못하는 작은 집사를 장차 한국 교회를 이끌어 나갈 십자가의 군병을 양성하는 영적 사관학교로 보내셨을까? 과연 어떠한 공부를 계속해야 하나님의 은혜에 보답할까? 마치 초등학교 시절 숙제를 하지 않은 학생의 심정과 같았다.

그러나 무작정 걱정만 하고 있을 수는 없었다. 보람된 새로운 과제를 모색하게 되었다. 산업혁명 시기에 집중되었던 연구의 관심이 다른 곳으로 옮겨졌다. 뿐만 아니라 조금씩 경험하는 신학대학교의 생활도 또 다른 시각을 지닐 수 있도록 했다.

새로운 방향 설정을 위한 시간이 흐르는 과정에 한국 교회가 북한 선교와 통일을 위해 많은 노력을 하고 있다는 사실에 각별한 시선이 모였다. 북한의 어려움을 직시하고 도움을 주는 헌신적인 모습이 무척 감동적이었다. 그 감동은 점차 하나의 목표로 바뀌었다. 왕실 통합, 국가 통합 그리고 국민 통합의 과정을 경험한 영국의 사례를 한번 정리하자는 것이 바로 그것이다. 그것을 통해 국가 혹은 국민의 통합 과정에 종교가 과연 어떠한 자리를 점하고 있었는가를 알아보자는 것이다.

그러나 그에 관한 접근은 결코 쉬운 일이 아니었다. 더욱이 17세기 영국사에 관한 지식이 전혀 없는 상태에서 어디서부터 출발해야 할지를 알 수 없었다. 고민 가운데 한 가지 생각을 하게 되었다. 기존의 연구 성과를 신학생들을 위해 다시 해석하고 설명하자는 것이 바로 그것이다. 다시 말하면 세속사와 교회사와의 유기적인 이해를 시도하자는 것이다.

그것을 위해 필자는 현재 국내의 영국사 연구를 주도하고 있는 전공자의 탁월한 연구에 주목했다. 특히 김민제(홍익대학교) 교수님, 김중락(경북대학교) 교수님, 박지향(서울대학교) 교수님, 이영석(광주대학교) 교수님 그리고 조승래(청주대학교) 교수님의 성과들은 하나의 나침반과 같았다. 그분들에게 직접 수학한 적은 없지만, 연구 성과를 접하는 순간순간이 새로웠다. 통찰력과 분석력 또한 너무나 놀라웠다. 감사와 존경을 표시하고 싶고 마땅히 그렇게 해야 한다. 그분들의 업적이 있었기에 본 연구가 가능했기 때문이다.

끝으로 이 책이 나올 수 있도록 격려와 용기를 주신 영남신학대학교의 교수님과 진희성 총장님께 감사의 마음을 보내 드리고 싶다. 특히 영남신학대학교를 위해 연구비를 지원해 주신 소망교회의 고마움은 말로는 표현할 수가 없다. 생각하면 모든 것이 은혜요 감사였다. 이 대학 저 대학으로 옮겨 다니면서 피곤한 시간을 보낼 때 격려와 사랑을 아끼지 않은 가족에게도 깊은 감사를 전한다. 또한 그러한 사정을 잘 알고 늘 기도해 주신 행복한교회의 김형곤 목사님께 감사를 드린다. 아울러 책의 출판을 위해 수고해 주신 한국학술정보(주)의 사장님과 편집 관계자 여러분께도 고마운 인사를 전한다.

2007년 3월 12일
김성룡

I. 머리말

　국가나 민족의 통일 과정에 종교는 심대한 영향을 미칠
수 있다. 종교가 통일의 명분이나 그것을 달성하는 동인으로
작용할 수 있기 때문이다. ① 신라와 고려의 통일 과정에 불
교가 중요한 역할을 했지만 ② 조선의 건국 과정에는 불교
가 오히려 배척의 대상이 된 사실이 그것을 잘 나타낸다.

　1945년 2차 대전이 끝난 이래 한반도는 분단 체제를 경험
하고 있다. 그렇다면 통일의 과정에 종교가 중요한 역할을
했던 상황에서, 남과 북의 통일을 위해 기독교는 어떠한 접
근을 할 수 있을까? 과연 어떠한 의식을 지녀야 할까?

　물론 그와 같은 과제의 해결은 그리 간단한 일이 아니다.
통일에 관한 종래의 기독교적 접근이 분단과 대립의 과정에
서 노출된 문제에 의해 일정 부분 제약을 받았기 때문이다.1)
통일을 추구하면서도 오히려 각자의 입장만을 강조하여 자칫
본질을 흐릴 여지가 다분히 있었다는 것이다. 남과 북을 함
께 묶을 수 있는 접근을 모색해야 하는 당위가 바로 여기에

---

1) 정성한, 『한국 기독교 통일 운동사』 (서울: 그리심, 2003), pp.13-17.

있는 것이다.

여기서 17~18세기 영국(Britain)의 탄생 과정에 주목할 필요가 있을 것 같다. 영국은 잉글랜드(England), 웨일스(Wales),[2] 아일랜드(Ireland)[3] 그리고 스코틀랜드(Scotland)가[4] 오랜 반목과 갈등을 경험하면서 형성된 국가이다. 물론 웨일스의 경우 비교적 일찍 잉글랜드에 흡수되어 논외로 할 수 있을 것이다.[5]

영국의 역사에서 통일 왕국(United Kingdom)이라는 용어는 1707년에 처음으로 사용되었다. 그해에 잉글랜드와 스코틀랜드의 두 왕국이 '영국'(Great Britain)이라는 이름으로 통합할 것을 결정했던 것이다.[6] 영국의 통합은 계속 진행되었다. 1800년의 통합법 이후 1801년에 영국과 아일랜드의 통일 왕국(United Kingdom of Great Britain and Ireland)이 탄생한 것이다.

그러나 1707년과 1801년의 통일 왕국은 결과에 있어서

---

2) 웨일스는 1282년 잉글랜드의 에드워드 1세(Edward Ⅰ)에 의해 정복되어, 1536년 웨일스 대표를 잉글랜드 의회가 받아들임으로써 완전 통합이 이루어졌다.

3) 아일랜드는 1534년 헨리 8세(Henry Ⅷ)의 침략 이후 1937년까지 잉글랜드의 지배를 받았다.

4) 스코틀랜드는 1603년 엘리자베스 1세(Elizabeth Ⅰ)의 사후 스코틀랜드의 제임스 6세(James Ⅵ)가 잉글랜드의 국왕이 되면서 왕실 통합이 이루어졌다.

5) 웨일스의 경우 잉글랜드에 비교적 충성을 보였다. 엘리자베스 1세(Elizabeth Ⅰ)가 일생 동안 신임한 세실(William Cecil)은 웨일스 출신이었다. 뿐만 아니라 17세기 영국 혁명의 과정에 웨일스는 대체로 왕당파로 남았다.

6) 이른바 '통합법'(An act for an union of the two kingdom of England and Scotland)이 바로 그것이다.

상당한 차이가 있었다. 때문에 그것의 차이에 주목할 필요가 있다. ① 1707년의 그것은 결과적으로 잉글랜드와 스코틀랜드를 하나로 묶었지만 ② 1801년의 통일 왕국은 오히려 심각한 갈등과 반목으로 이어졌던 것이다.

문제는 거기에 종교가 심대한 영향력을 행사할 수 있었다는 것이다. 대체로 잉글랜드와 스코틀랜드는 국교회와 장로교로 각각 구별될 수 있지만, 프로테스탄티즘(protestantism)이라는 공통점이 있었다. 물론 잉글랜드와 스코틀랜드의 통합은 결코 쉬운 일은 아니었다. 오랜 시간이 필요했다. 양국은 1603년에 왕실 통합을 이루었다. 그러나 서로 상이한 종교와 인적 구성 등으로 인해 많은 갈등을 경험했다.7) 그러한 상황이 1801년에 달라졌던 것이다. 1707년에 여의치 않았던 통일 왕국의 명칭이8) 그해에 공식적으로 채택된 것이다. 이는 18세기 영국 사회에서 스코틀랜드를 완전 결합시킬 수 있는 일종의 국민감정이 형성되고 있었음을 의미하는 것이다.

그러나 아일랜드는 달랐다. 영국과 가톨릭의 영향이 강했던 아일랜드가 완전한 통일로 이어지지 못했기 때문이다. 현재 영국의 공식 명칭이 아일랜드의 남부가 공화국으로 독립함에 따라 변경된 사실(United Kingdom of Great Britain

---

7) 청교도 혁명(the puritan revolution)의 발발이 스코틀랜드의 거병에서 상당 부분 기인했다는 사실이 그것을 잘 나타낸다.

8) 영국이라는 용어가 공식적으로 채택된 것은 1801년이었다. 김민제, '서평: England, Britain, Great Britain, United Kingdom의 차이를 아십니까? Norman Davis, *The isles: a history* (Oxford; Oxford Univ. Press, 1999), Pp.1222+xlii.', 『영국연구』 5 (2001), pp.159-60.

and Northern Ireland)이 그것을 잘 나타낸다.

바로 그 점에서 영국의 경우는 세속사와 교회사의 균형 잡힌 시각에서 국민 통합을 이해할 수 있는 하나의 사례가 될 수 있을 것 같다. 서양의 기독교적 전통은 모든 권위의 최정점은 하나님께 있었다. 때문에 국왕은 하나님과 일치할 필요가 있었다. 영국의 탄생 과정에서 나타난 '청교도 혁명', '왕정복고'(Restoration), '명예혁명'(the Glorious Revolution), '1707년의 통합' 그리고 '1801년의 통합' 등이 결코 세속사에 한정되지 않는 이유가 바로 거기에 있는 것이다. 그것의 내용이 프로테스탄티즘이라는 교회사의 요소와 밀접하게 연계되기 때문이다. 따라서 그것의 복원은 영국사뿐만 아니라 기독교의 시각에서 남과 북을 하나로 아우르는 시대적 과제를 해결할 수 있는 중요한 시사점이 될 수 있을 것 같다.

본 연구는 영국 사회가 1603년 이후 1801년의 국민 통합에 이르는 일련의 정치적·사회적 변화를 경험하는 과정에 과연 종교가 어떠한 역할을 했는가에 주목하고자 한다. ① 영국의 국민 정체성이 어떻게 형성되었으며 ② 국가의 통일이라는 외형적인 면을 극복하고 하나의 국민으로 통합되는 과정에 과연 프로테스탄티즘이 어떠한 영향을 미쳤는가를 밝히자는 것이다.

그것을 위해 두 번째 장에서는 1603년의 왕실 통합에 주목하고자 한다. 특히 그것의 내용과 문제가 무엇인가를 밝혀 이후 나타나는 갈등의 배경을 보다 구체적으로 이해하고자 한다.

그 다음 장에서는 왕실 통합이 가져온 문제가 잉글랜드, 스코틀랜드 그리고 부분적으로 아일랜드에서 어떠한 반응으로 이어졌는가를 살펴보고자 한다. 특히 국왕의 정치적 이해관계를 달성하기 위해 추구된 종교적 통합이 실제 어떠한 반발로 나타났는가에 주목하고자 한다.

네 번째 장에서는 청교도 혁명의 수습 과정에서 나타난 문제와 더불어 잉글랜드가 스코틀랜드를 군사적으로 통합하는 과정을 정리하고자 한다. 또한 그것이 어떠한 문제를 가져왔는가를 살펴보고자 한다.

다섯 번째 장에서는 청교도 혁명 이후 영국 사회를 주도한 크롬웰(Oliver Cromwell)의 통치가 어떠한 문제를 야기했는가에 주목하고자 한다. 또한 그것의 수습 과정에 첨예하게 대립된 개신교 국왕의 즉위라는 원칙이 확인되는 계기를 정리하고자 한다.

그 다음 장에서는 1707년의 잉글랜드와 스코틀랜드가 어떻게 하나의 국가로 통일되었는가를 살펴보고자 한다. 양국이 많은 갈등을 경험한 상황에서 어떻게 통합으로 이어졌는가를 구체적으로 복원하고자 한다. 거기에 담긴 프로테스탄티즘이라는 공감대의 역할도 아울러 살펴볼 것이다.

마지막 장에서는 1801년에 이루어진 잉글랜드와 스코틀랜드의 국민 통합을 검토하고자 한다. 양국의 하나의 국민 정체성이 형성되는 과정은 어떠했으며, 거기에 프로테스탄티즘이 어떠한 역할을 했는가를 살펴보고자 한다. 아울러 영국과 아일랜드의 통합에 내재된 문제를 짚어 볼 작정이다.

한편 본 연구에서는 영국(Britain)의 의미에 제한을 두고자 한다. 그것은 대체로 다음의 두 가지로 나누어 볼 수 있다. ① 영국과 잉글랜드의 구분과 ② 17-18세기 영국의 한정적 사용이 바로 그것이다.

국가의 명칭 가운데 영국만큼 다양하게 사용되는 경우는 드물 것 같다. 국내 역사 연구에서 흔히 사용하는 영국은 잉글랜드에서 유래했다. 그러나 현재 일상적인 의미에서 사용하는 영국은 잉글랜드에 한정되지 않는다. 사실 잉글랜드는 오늘날 영국의 한 부분일 뿐이다. 그렇기 때문에 잉글랜드, 스코틀랜드 그리고 아일랜드가 함께 다루어지는 본 연구의 경우 잠정적이지만 영국과 잉글랜드의 구별적 사용이 오히려 타당할 것 같다.9)

그러면 17-18세기 영국의 의미는 어떻게 규정될 수 있을까? 영국의 개념은 역사 전개와 더불어 계속 확장되었다. 바로 그 점에서 용어의 사용에 어려움이 있을 수 있다. 오늘날 흔히 말하는 영국은 국가의 공식 명칭을 간단하게 줄인 것이다. 그렇기 때문에 거기에는 잉글랜드(웨일스 포함), 북 아일랜드 그리고 스코틀랜드가 포함되어 있다. 그것의 바탕은 1800년의 통합법이다.

그러나 사전적으로 영국은 잉글랜드와 스코틀랜드 지역을 의미한다. 엄격히 말해 아일랜드는 포함될 수 없다. 17-18세

---

9) 영국과 잉글랜드를 구별하여 사용한 국내의 선구적 연구로는 ① 박지향, 『영국사: 보수와 개혁의 드라마』 (서울: 까치, 1997)와 ② 김중락, '영국 혁명(the British Revolution), 국민 계약 그리고 저항의 정당화' 『영국연구』 2 (1998), pp.47-72 등을 들 수 있다.

기의 경우는 더욱 그러하다. 본 연구는 바로 그러한 역사상을 반영하고자 한다. 다시 말하면, 특별한 경우를 제외하고는 영국을 대체로 17-18세기의 의미인 잉글랜드와 스코틀랜드의 통합 국가로 한정하겠다는 것이다.

II. 1603년의 왕실 통합

1. 잉글랜드 혁명에서 영국 혁명으로

1642년에 발발한 영국 혁명(the British Revolution)은 그 당시부터 오늘에 이르기까지 많은 시선을 모으고 있다. 그에 관한 논저의 목록을 일일이 나열하기가 어려울 정도이다. 사건 그 자체가 혁명일 뿐만 아니라 그에 관한 연구 성과의 출간도 가히 혁명적이라 할 수 있다.[1]

그러나 그것이 반드시 정확한 역사상의 복원을 의미하는 것은 결코 아니다. 많은 연구 성과만큼이나 다양한 해석이 제기되고 있다. 심지어 용어의 사용조차 혼란을 경험하고 있다.[2] 그것은 종래의 연구가 대체로 잉글랜드에 한정된 데서 상당 부분 비롯된 현상이었다. 1950~1970년대의 잉글랜드 혁명에 관한 해석을 별다른 주도 사관 없는 논쟁으로 요약

---

[1] 잉글랜드 혁명에 관한 연구사를 체계적으로 정리한 대표적인 성과인 R.C. Richardson, *The debate on the English Revolution* (Manchester: Manchester University Press)가 1977년 이래 세 번이나 수정·보완되어 출간된 사실이 그것을 잘 나타낸다.
[2] 혁명, 내란(civil war) 그리고 반역(rebellion) 등이 바로 그것이다.

할 수 있다는 사실이 그것을 잘 나타낸다.[3]

그렇다면 보는 시각의 범위에 따라 다양한 해석이 가능한 그것을 어떻게 복원할 수 있을까? 당연히 잉글랜드에 집중된 종래의 관심을 보다 더 확대해야 할 필요가 있을 것이다. 다시 말하면 잉글랜드 혁명에서 영국 혁명으로 이해의 폭을 넓혀야 한다는 것이다.[4] ① 1637년 장로교를 억압하는 로드(William Laud)의 종교 정책을 국왕 찰스 1세(Charles Ⅰ)가 강요함에 따라 스코틀랜드가 거병했고 ② 그것이 잉글랜드 혁명의 발발 및 그 추이에 상당한 영향력을 행사했던 장기 의회(Long Parliament)의 소집으로 이어졌던 사실 등을 그 예로 들 수 있기 때문이다. 이는 스코틀랜드가 잉글랜드 혁명의 발발에 상당한 역할을 했다는 것을 의미하는 것이다.[5]

실제로 스코틀랜드인들은 1638년에 신학 문서인 '국민 계약'(the national covenant)을 작성했다. 그것은 장로교 수호를 위한 문서에 그치지 않았다. 국민 계약을 통해 그들은 일

---

3) 1970년대까지의 잉글랜드 혁명에 관한 해석은 대체로 다음과 같이 나누어 볼 수 있다. ① 1702~1848년의 토리(Tory) 사관 ② 1848~1940년대의 휘그(Whig) 사관 ③ 주도 사관이 없는 논쟁 시대(1950~1970년대)가 바로 그것이다. 보다 상세한 내용은 吳主煥, '英國革命史觀의 변천', 吳主煥外(共著), 「革命·思想·社會變動」 (大邱: 慶北大學校 出版部, 1992), pp.3-47 참조.

4) 김중락, '1641년 잉글랜드의 분열과 스코틀랜드', 『大丘史學』 第55輯 (1998), p.141.

5) 그에 관한 대표적인 연구 성과로는 ① John Morill(ed.), *The Scottish national covenant in its British context 1638~1651* (Edinburgh: Edinburgh University Press, 1990)과 ② Conard Russell, *The causes of the English civil war: the Ford lectures delivered in the University of Oxford 1987~1988* (Oxford: Clarendon Press, paperback, 1991(1990))을 들 수 있다.

련의 정치적 실체를 구성했으며, 그것을 보다 적극적인 군사
적 행동으로 발전시켰다.6) 그와 같은 과정에 아일랜드 또한
민감하게 반응했다.

이처럼 스코틀랜드인의 적극적인 행동은 잉글랜드 혁명의
발발은 물론 자국에도 심대한 영향을 미쳤다. 나아가 아일랜
드에도 영향을 주었다. 바로 그 점이 잉글랜드 혁명에서 영
국 혁명으로 관심을 확대해야 할 이유라 할 수 있다. 그것이
잉글랜드, 스코틀랜드 그리고 아일랜드의 사정이 얽힌 문제
였기 때문이다.

2. 복합 왕국의 탄생

잉글랜드와 스코틀랜드의 통합은 1707년에 이루어졌다. 그
해에 이른바 '통합법'이 제정되면서 양국의 의회가 합쳐졌기
때문이다. 그 결과 스코틀랜드는 상원의 16석, 하원의 45석
을 할당받게 되었으며, 영국(United Kingdom of Great
Britain)의 구성원으로 자리 잡게 되었다.

그러나 양국의 결합은 결코 새로운 것은 아니었다. 이미
약 한 세기 전에 한 명의 국왕이 두 왕국을 통치하는 방식

---

6) David Stevenson, *The Scottish revolution 1637〜1644: the triumph
of the covenanters* (Newton Abbot: David & Charles, 1973), p.128;
John Kenyon, *The civil wars of England* (London: Weidenfeld and
Nicolson, 1989), pp.15-6.

으로 연결되었기 때문이다. 그것의 계기는 1603년 엘리자베스 1세의 사망에서 비롯했다. 후사가 없는 여왕의 죽음으로 새로운 후계자, 즉 제임스 1세(James Ⅰ)가 등장했다. 헨리 7세(Henry Ⅶ)의 외손인 스코틀랜드의 제임스 6세인 그가 바로 잉글랜드의 국왕 제임스 1세로 즉위했던 것이다.

왕위에 오른 제임스 1세의 통치 영역은 하나의 완전한 형태가 아니었다. 분명 그는 잉글랜드와 스코틀랜드는 물론 아일랜드의 통치자였다. 그러나 각각의 통합은 아직 이루어지지 않았다. 하나의 체제와 그것을 연결시킬 수 있는 의식이 없었기 때문이다.[7] 다시 말하면 한 명의 국왕이 두 개의 왕국과 식민지를 통치하는 다소 느슨한 형태의 결합체였던 것이다. 그렇기 때문에 그것을 '복합 왕국'(multiple kingdoms)이라 하여 좋을 것 같다.[8]

복합 왕국은 출발부터 중요한 한 가지 문제에 직면했다. 이미 언급했듯이 국왕의 통치권이 미치기는 하지만 각 왕국 혹은 식민지가 하나의 통합체가 아니라는 것이다. 자연, 제임스 1세는 왕국의 통일을 추구하게 되었다. 그것은 1604년 3월에 잉글랜드 의회에서 행한 그의 연설에서 확인 가능하다. ① 국왕은 남편이자 목자이고 섬들은 아내이며 양떼이고 ② 복음 아래서 기독교 왕인 국왕이 2명의 부인을 거느린 일부다처제의 남편으로 생각해서는 안 된다는 것 등이 바로

---

7) Michael Lynch, *Scotland: a new history* (London: Pimlico, 1992), p. ⅹⅸ.
8) Russell, *The causes of the English civil war*, p.27.

그것이다.9)

국왕 제임스 1세는 통합을 간절히 희망했다. 그는 자신을 '영국의 왕'(King of Great Britain)으로 부르도록 의회에 요구했다.10) "나는 잉글랜드와 스코틀랜드라는 분리된 이름을 더 이상 사용하지 않는 것이 좋다고 생각하며, 향후 여러 가지 일에서 영국의 왕이라는 이름과 형식을 사용할 것이다"라는 제임스 1세의 1604년 10월의 언급이 그것을 잘 나타낸다.11)

복합 왕국은 통합되는 모습을 보이기도 했다.12) 문제는 갈등의 가능성이 상존했다는 것이다. 국왕이 해당 지역의 특성을 제대로 고려하지 않았기 때문이다.

1603년 제임스 1세는 잉글랜드의 국왕 제임스 6세로 즉위하기 위해 런던으로 향했다. 그 과정에 그는 뉴어크(Newark)를 지나게 되었다. 당시 그곳에서는 국왕을 환대하는 잔치가 행해졌고 제임스 1세도 지역민들에게 작위를 수여하는 등

---

9) W. Ferguson, *Scotland's relation with England: a survey to 1707* (Edinburgh: Edinburgh University Press, 1977), p.100; Alan G.R. Smith, *The emergence of a nation state* (New York: Longman, 1984), p.394.

10) 김중락, '다니엘 디포우(Daniel Defoe)와 국가 통합논쟁', 『大丘史學』第79輯 (2005), p.222.

11) James F. Larkin and Paul L. Hughes(ed.), *Stuart royal proclamations*, vol.1; *Royal proclamations of King James I, 1603 ～ 1625* (Oxford: Clarendon Press, 1973), pp.94-5.

12) E.J. Cowan, 'The Union of the crowns and the crisis of the constitution in 17th century Scotland', in S. Dyrvik, Knut Mykland and Jan Oldervoll(eds.), *The satellite state in the 17th and 18th centuries* (Bergen: Universitetsforlaget, 1979), p.131.

우호적인 분위기가 계속되었다. 그러나 축제는 한 가지 우려를 자아냈다. 소매치기 한 명에 대한 처리가 바로 그것이다. 국왕 제임스 1세가 그를 교수형에 처할 것을 명령했기 때문이다.13) 외견상 그것은 별다른 문제가 없을 수도 있다. 그러나 문제는 당시 잉글랜드의 경우 배심 재판을 받는 것이 사법 전통으로 자리 잡고 있었다는 것이다. 때문에 국왕의 교수형 명령은 상식에 벗어나는 일이었다.14)

이처럼 제임스 1세는 각각의 지역을 조화로운 하나로 묶기 위해 신중한 접근을 필요로 했다. 식민지인 아일랜드는 논외로 하더라도 잉글랜드와 스코틀랜드의 정치 체제가 서로 달랐기 때문이다. 그 단적인 예가 의회였다. 일종의 등록 법원(court of record) 역할을 한 스코틀랜드의 그것과 달리 잉글랜드의 의회는 상당한 중요성과 권위를 지니고 있었다.

잉글랜드의 군주정은 군대의 힘보다 신민의 이해와 존경에 바탕을 두었다. 1066년 노르만 정복 시대부터 잉글랜드의 왕은 중요한 문제를 논의할 때 기사들을 소집했다. 그것이 이후 계승·발전되어 다음과 같은 잉글랜드의 전통으로 발전했다. ① 배심원에 의한 재판권 ② 의회가 동의하지 않는 세금으로부터의 면제 ③ 법률이 국왕보다 더 우위라는 원리

---

13) Michael Gruber, *The English revolution: a concise history and interpretation* (New York: Ardmore Press, 1967), p.11.

14) 13세기 초부터 잉글랜드는 직업적인 법률가가 나타났으며 전체 국민으로 하여금 관습법 정신을 간직케 했다. 그 결과 전형적인 의회 정치, 지방 자치 국가 그리고 법치 국가로 발전했다. 吳主煥, '젠트리와 法律敎育', 『慶北史學』第7輯 (1984), pp.75, 77.

등이 바로 그것이다.15)

그러나 국왕 제임스 1세의 정치적 견해는 잉글랜드의 전통과 상당한 거리가 있었다. 그는 1598년 『자유 왕국의 진정한 법』(*True law of free monarchies*)에서 군주와 신민의 가져야 할 행동을 다음과 같이 규정했다. ① 군주는 속박으로부터 자유로워야 하며 ② 의회가 법을 제정하더라도 국왕은 그것을 폐지시키거나 스스로 법을 통과시킬 수 있으며 ③ 신민은 그들이 추대한 국왕이 무슨 일을 하든지 간에 국왕의 의지에 저항할 권리를 가지고 있지 않다는 것 등이 바로 그것이다.16) 이는 국가 행정의 주도권은 국왕에게 있다는 것을 분명히 하는 것이다. 다시 말하면 실질적인 행정 업무는 그것의 목적과 성질에 따라 국왕이 임명하는 기관이나 관리가 처리해야 한다는 것이다.17)

잉글랜드의 전통과 상반되게 군주의 자의적인 통치를 추구하는 국왕 제임스 1세의 태도는 자연, 의회와의 마찰로 이어졌다. 1614년에 그가 의회를 해산하면서 에스파냐의 대사에게 한 다음의 말이 그것을 잘 나타낸다.

> 의회는 우두머리가 없는 집단이다. 의원들은 무질서한 방법으로 의견을 표현한다. 회기 중에는 외침, 아우성 그리고 혼동

---

15) Gruber, *The English revolution*, pp.19-20.
16) *ibid.*, p.26.
17) M.A.R. Graves and R.H. Slicock, *Revolution, reaction and the triumphant of conservatism* (Auckland: Longman Paul, 1986), p.105.

이외의 아무 것도 들리지 않는다. 나는 나의 조상들이 그러한 제도를 허용한 데 대해 놀라움을 금치 못한다. 나는 외국인으로서 여기에 도착한 이후 의회에 대해 알게 되었고 나의 힘으로 그것을 없앨 수 없다는 사실을 참고 견딜 수밖에 없었다.[18]

이처럼 엘리자베스 1세를 계승한 제임스 1세가 복합 왕국을 하나의 통합체로 구성하는 데는 많은 문제를 지니고 있었다. 무엇보다도 잉글랜드와 스코틀랜드의 헌정 체제가 서로 달랐기 때문이다.[19] 뿐만 아니라 국왕은 조화와 융합을 모색하기보다는 왕권신수설을 견지하는 태도를 보였다. 그것은 국왕과 헌정적 질서와 마찰을 야기했다.[20] 왕실 통합에 따른 불완전한 상태를 극복하기 위한 새로운 방안이 자연 모색되었다.

3. 국왕의 교회 통제

복합 왕국의 문제를 해결하고 하나의 국가로 묶는 데는

---

18) Gruber, *The English revolution*, p.31.
19) 정부 운영도 차이가 있었다. 영국은 정책을 입안하는 과정에서 토론과 조언이 따랐지만 스코틀랜드는 런던의 지시 사항을 수행할 따름이었다. Stevenson, *The Scottish revolution*, p.30.
20) 국왕 제임스 1세는 그의 아들(후일 찰스 2세(Charles Ⅱ))에게 "너는 진저리나는 의회와 함께 살아가게 될 것이다"(You will live to have your bellyful of Parliament)라는 언급을 남겼다. 그의 언급은 그만큼 국왕과 의회의 관계가 악화되었음을 시사하는 것이다. Gruber, *The English revolution*, p.34.

세심한 접근이 필요했다. 사실 절대주의 국가의 건설 과정에서 개인과 정치 질서의 재정립은 무척 중요했다. 서양의 기독교적 전통은 권위의 최종은 하나님께 있다고 보았다. 바로 그 점이 세속 군주가 각별히 주의를 기울이는 부분이었다. 하나님과 일치되어야 정치적 통합이 가능하기 때문이다.21) 제임스 1세도 점차 그것을 의식했다. 국왕이 종교적 통합으로 방향을 바꾸게 된 것도 바로 그러한 사정에서 상당 부분 기인했다고 볼 수 있을 것이다.22)

당시 잉글랜드 교회는 스코틀랜드의 그것과 달랐다. 스코틀랜드는 1560년 낙스(John Knox)의 종교 개혁 이후 장로교의 전통이 자리 잡게 되었다. 그 결과 장로교는 국가 교회(the Kirk of Scotland)의 역할을 하게 되면서 이름뿐인 의회와 달리 강력한 영향력을 행사할 수 있었다.23) 때문에 왕권신수설을 신봉하는 제임스 6세(잉글랜드에서는 제임스 1세)는 장로교에 부정적인 견해를 지니게 되었다. 그것은 1604년 1월 햄프턴 코트(Hampton Court)에서 열린 종교 회의에서24) 청교도들이 스코틀랜드를 모델로 잉글랜드 교회를

---

21) 이종은, '영국 혁명의 의의 및 크롬웰의 역할', 『정치사상연구』 2집 (2000), p.157.

22) 제임스 1세는 잉글랜드의 왕이 되기 이전부터 스코틀랜드의 교회를 자신이 원하는 방향으로 변화시키려 했다. Russell, *The causes of the English civil war*, p.36.

23) 특히 1578년 『제2 규율서』(*The second book of discipline*)의 발간을 통해 국왕으로부터 교회의 절대적 독립을 강조하는 멜빌주의(Melvillianism)가 수용되면서 잉글랜드의 국교회와 이질적인 모습을 보이게 되었다.

24) 당시 종교 회의에서 국왕이 재가한 것은 ① 주교들이 수개의 주교

개혁하자는 제안에 대한 다음의 언급에서 잘 나타낸다. "스코틀랜드의 장로교를 원한다면 그것은 하나님의 나라로서의 군주정과 악마로서의 군주정 두 가지 모두에게 동의하는 것이다"가 바로 그것이다.25)

그러면 잉글랜드의 경우는 어떠했을까? 당시 잉글랜드의 국교회는 교리상 신교였지만 가톨릭 의식의 많은 것을 보유했다. 무엇보다도 감독 제도(the episcopal system)가 바로 그것이다.26) 때문에 주교(bishop)들은 성직자들이나 전도구민들(parishioners) 모두에 대해 절대적인 권위를 지녔다. 파문은 물론 교회 재판소에서 종교적인 범법자들에게 벌금과 형벌을 선고할 수 있었던 것이다.

감독 제도는 잉글랜드의 통치 권력 가운데 중요한 일부분이 될 수 있었다. ① 성직자의 권위는 하나님으로부터 부여받은 것이지만 ② 실제로는 국왕이 그들을 임명했기 때문이다. 실제로 엘리자베스 1세와 그 후계자들은 감독 제도를 유지·확대하는 데 노력을 경주했다. "나의 소신은 주교 없이 국왕은 없다"라는 제임스 1세의 언급이 그것을 잘 나타낸다.27)

제임스 1세는 통합의 방법으로 스코틀랜드에서 장로교의 힘을 약화시키는 데 초점을 두었다. 그는 당시 잉글랜드 국

직을 겸임함으로써 봉급을 중복으로 받는 관습을 줄여 가는 것과 ② 성경의 새로운 번역(King James Version) 등이었다.

25) Gruber, *The English revolution*, p.17.
26) 김윤동, '영국 Puritanism과 Puritan 혁명에 관한 연구', 장로회신학대학 신학대학원 석사학위논문 (1993), p.28.
27) Godfrey Davies, *The early Stuarts 1603~1660* (Oxford: The Clarendon Press, 2nd edn., 1967~1959)), p.70.

교회와 국왕처럼 우호적인 관계가 유지되는 체제를 적용하고
자 했다.28) 그 방법은 스코틀랜드에 감독 제도를 도입하는
것으로 나타났다. 다시 말하면 그것을 통해 교회를 통제함과
동시에 장로교적 요소를 제거하자는 것이다.

그러면 제임스 1세는 어떠한 방법으로 감독 제도를 도입했
을까? 그것은 대체로 다음의 두 가지 방법으로 행해졌다. 먼
저 국왕 제임스 1세는 1606년 멜빌(Andrew Melville)을 런던
탑에 투옥했다. 그는 1597년에 퍼스(Perth) 총회에서 결의된
내용, 즉 스코틀랜드 주요 도시의 목사 선출에 국왕의 동의가
필요하다는 것을 반대한 대표적인 인물이었다. 그 다음 국왕
제임스 1세는 1612년에 장로 제도의 수립을 규정했던 법
(Golden Act, 1592년 제정)을 폐지했다. 이는 스코틀랜드 교
회가 공식적으로 감독 교회가 되었다는 것을 뜻하는 것이
다.29)

국왕 제임스 1세의 교회 통제는 이후에도 계속되었다. 그
는 1618년에 이른바 '퍼스의 5개 조항'을 제안했다.30) 그것

---

28) 국왕 제임스 1세는 잉글랜드의 청교도를 국교회로 개종시키려 했
다. 그러나 그의 노력은 실패했다. 그 결과 국왕 제임스 1세는
1604년의 종교 회의를 폐회하면서 다음과 같이 경고했다. "나는
그대들을 스스로 국교를 준수케 하거나, 그렇지 않으면 그대들을
괴롭혀 이 땅에서 쫓아내거나 혹은 그보다 더 가혹하게 할 것이다."
이후 상당수의 청교도들은 신앙의 자유를 찾아 영국을 떠나게 되었
다. Gruber, *The English revolution*, pp.17-8.
29) 홍치모, 『스코틀랜드 종교 개혁과 영국 혁명, 1560~1660』 (서울:
총신대학출판부, 1991), pp.70-1.
30) ① 성찬을 받을 때 무릎을 꿇을 것 ② 사적 성찬을 인정할 것 ③
사적 세례를 허용할 것 ④ 주교에 의한 견진 성사의 준수 ⑤ 성탄
절과 부활절과 다른 비슷한 교회 절기의 준수가 바로 그것이다.

은 심각한 반발에 직면했다. 그 내용이 다분히 가톨릭적이었기 때문이다.31) 그러나 퍼스의 5개 조항은 실행에 옮겨졌다. 국왕 제임스 1세가 기도서는 개정하지 않겠다는 약속을 했기 때문이다.32)

제임스 1세의 교회 통제는 어느 정도 성과를 거두었다. 그러나 1625년 그가 사망하고 아들인 찰스 1세가 즉위하면서 사정은 달라졌다. 부왕 제임스 1세는 잉글랜드를 잘 이해하지 못했지만 스코틀랜드는 잘 알고 있었다. 그러나 국왕 찰스 1세는 달랐다. 그는 잉글랜드뿐만 아니라 스코틀랜드에 대해 관심조차 거의 가지지 않았다. ① 왕위에 오르기 전에 스코틀랜드를 '당신들의 국가'로 불렀는가 하면33) ② 왕위에 오른 지 8년이 지난 후에야 스코틀랜드에서 대관식을 올린 사실 등이 그것을 잘 나타낸다.

왕위에 오른 찰스 1세는 부왕처럼 감독 제도를 중시했다. 강력한 왕권을 희망했기 때문이다. 그는 두 왕국의 종교를 모두 변화시키려 했다. 새로운 형태의 교회를 계획했다. 그러나 찰스 1세의 종교 정책은 잉글랜드와 스코틀랜드 모두 갈등을 야기했다. 다분히 가톨릭적이었기 때문이다.34)

국왕 찰스 1세는 로드(William Load)를 중용했다. 그의

---

31) 특히 성찬식에서 무릎을 꿇는 것은 로마 가톨릭의 화체설을 연상케 했다.
32) G. Donaldson, *The making of the Scottish prayer book of 1637* (Edinburgh: Edinburgh University Press, 1954), p.54.
33) Maurice Lee Jr., *The road to revolution: Scotland under Charles I, 1625~39* (Urbana: University of Illinois Press, 1985), p.9.
34) 김중락, '다니엘 디포우와 국가 통합논쟁', p.225.

종교적 기반은 '신성의 아름다움'(beauty of holiness)으로 요약할 수 있다.[35] 외부적인 모습, 즉 예배 의식은 아름다워야 하고 국가의 안위를 위해 종교적 통일성이 필요하다는 것을 믿었던 것이다.

로드의 정책은 잉글랜드와 스코틀랜드 모두에서 불만을 초래했다. 그는 잉글랜드에 엘리자베스 1세 시대의 관행을 부활시켰다. 주일 국교회 예배에 불참할 경우 벌금을 부과했으며, 궁정에서 가톨릭을 믿는 것을 묵인했다.[36]

스코틀랜드의 경우 로드의 정책은 더욱 문제가 되었다. 1628년 그는 런던의 주교 자리에 올랐다. 당시 로드는 스코틀랜드의 기도서 개정에 착수했다. 국교회를 확립하기 위한 기초를 마련하기 위함이다. 물론 찰스 1세도 거기에 동조했다. 당시 스코틀랜드에서는 1562년 이래 낙스의 기도서가[37] 사용되고 있었다. 때문에 그것은 다분히 스코틀랜드의 국민적 감정을 자극할 수 있었다. 바로 그 점이 제임스 1세와 찰스 1세와의 차이였다. 제임스 1세가 퍼스의 5개 조항을 시행할 때 기도서의 개정을 유보했다는 것을 염두에 둘 필요가 있을 것 같다.

그러한 상황에서 1633년 국왕은 스코틀랜드의 인심을 수습하기 위해 에든버러를 방문했다. 거기서 찰스 1세는 즉위

---

35) Gruber, *The English revolution*, p.49.
36) Barry Coward, *The Stuart age: England, 1603 ~1714* (London: Longman, 2nd edn., 1994(1980)), pp.172-8.
37) 낙스가 제네바에서 작성한 『기도서』(*Book of common order*)가 바로 그것이다.

식을 거행했다. 그러나 홀리루드 궁전(Hollyrood House)에서
행해진 그것은 오히려 스코틀랜드인들을 자극한 결과를 가져
왔다. 전통적으로 스코틀랜드의 즉위식은 스콘(Scone) 혹은
스털링(Stering)에서 이루어졌다. 또한 당시 즉위식에 참석한
주교들은 십자가를 지날 때 무릎을 구부려 절해야만 했다.[38]
바로 그러한 사실들은 찰스 1세의 즉위식이 전통을 무시한
다분히 국교회의 의식을 적용한 것을 의미했다. 때문에 국왕
의 즉위식은 스코틀랜드의 민심과는 상당한 거리가 있었다.

찰스 1세의 대관식에 로드도 참석했다. 그는 스코틀랜드에
잉글랜드의 『기도서』를 사용하고자 했다. 그러나 로드는 현지
주교의 반발에 직면했다. 그 결과 다음과 같이 별개의 『기도
서』 작성 작업이 착수되었다.

먼저, 1635년에 완성되어 국왕 찰스 1세의 승인으로 그
이듬해 인쇄된 『교회법』(*Book of canons and constitutions*)
이 출간되었다. 그것의 주요 내용은 대체로 다음과 같이 요
약·정리될 수 있다. ① 교회의 수장은 국왕이며 ② 그것을
바탕으로 만들어진 『기도서』에 반대할 경우 파문에 처한다는
것 등이 규정되어 있다. 이러한 일련의 법적 뒷받침을 통해
이듬해인 1637년 4월에 『기도서』(*Book of common prayer*)
가 인쇄되었다.[39]

---

38) John Morrill, 'The national covenant in its British context', in John
　　Morrill (ed.), *The Scottish national covenant in its British context*
　　1638-51 (Edinburgh: Edinburgh University Press, 1990), pp.2-3.
39) 『기도서』의 제목은 *The book of common Prayer and administration*
　　of sacraments and other parts of divine service for the use of the

이처럼 복합 왕국의 교회 통제는 감독 제도를 통한 국왕의 수장권 확보에 초점이 두어졌다. 그것을 통해 정치적 우월권을 확보하여 잉글랜드와 스코틀랜드를 포함하는 복합 왕국의 통합을 이루고자 했다. 그러나 제임스 1세와 달리 찰스 1세의 정책은 많은 갈등을 야기했다. 국왕 찰스 1세는 부왕 제임스 1세와 달리 두 왕국의 종교를 새로운 형태로 변경시키려는 정책을 보다 구체적으로 그리고 적극적으로 추구했던 것이다. 불완전한 왕실 통합을 극복하는 것이 아니라 오히려 갈등을 증폭시킬 여지가 다분했다.

4. 자일즈 항거에서 국민 계약으로

찰스 1세의 교회 통제 정책은 곧 스코틀랜드에서 반발에 직면하게 되었다. 이는 부왕 제임스 1세의 경우와는 구별되는 현상이었다. 왜 그럴까?

1637년 7월 23일 성 자일즈(St. Giles) 교회에서 소요 사태가 생겼다. 그것은 게데스(Jenny Geddes)라는 한 노파가 로드의 기도서가 채택되자 "가톨릭의 미사가 여기까지 침범했구나" 하면서 의자를 설교단을 향해 던진 데서 비롯했다.40) 자일즈의 항거는 단순한 소요 사태에 그치지 않았다. 이후 스코틀랜드인들의 국왕에 대한 조직적인 저항으로 이어

---

church of Scotland였다.
40) Davis, *The early Stuarts*, p.87.

지게 되었기 때문이다.

그것의 바탕은 장로교회와 스코틀랜드의 국민감정이 결합된 데서 찾을 수 있다.[41] 그 이유는 여러 가지가 있을 수 있겠지만, 신앙적 차원에서 보면 대체로 다음과 같이 요약·정리될 수 있다. ① 이미 퍼스의 5개 조항으로 가톨릭의 전파가 우려된 상황에서 소위 로드의 기도서는 더욱 의심을 자아냈고 ② 새로운 기도서를 사용하기 위해 필요한 교회와 의회의 승인이 없는 상황에서 국왕의 강제에 의해 그것이 이루어졌다는 사실 등이 바로 그것이다.

로드의 기도서와 더불어 촉발된 국민감정의 표출은 다음과 같이 나타났다. 1637년 9월 20일에 『기도서』의 철회를 요구하는 많은 청원들이 국왕에게 제출되었다. ① 그것의 명분은 새로운 기도서가 스코틀랜드 교회가 전혀 알지 못하는 방법으로 도입되었고 ② 그 내용도 종교 개혁 이후 수립된 것과 상반되는 것이 많다는 것 등 바로 그것이다.[42]

그러나 탄원서에 대한 찰스 1세의 반응은 냉담했다. 그는 에든버러에 모인 탄원서 제출자들을 24시간 내에 떠날 것을 명했다. 1637년 10월 18일에 새로운 탄원서(Supplication against the Service Book with a Complain upon Bishops)가 작성된 것도 그러한 사정에서 비롯했던 것이다.[43] 당시

41) *ibid.*
42) G. Donaldson, *Scotland*: *James V-James VI* (Edinburgh: Olive & Boyd, 1965), p.311.
43) 청원서의 작성자는 발메리노 경(Lord Balmerino), 라우돈(Lord Roudon), 딕스(David Dicks) 그리고 헨더슨(Alexander Henderson)

작성된 탄원서는 일부에 한정된 것이 아니라 국민적 행동으로 발전하는 데 바탕이 되었다. 『기도서』에 대한 반발은 물론 그것의 처리에 법적 수단을 적용했고, 여의치 않을 경우 국민적 행동으로 진행한다는 것을 밝혔기 때문이다.[44]

1637년 10월의 탄원서에 대한 찰스 1세의 반응도 냉담했다. 런던을 방문한 대표자에 아무런 답을 주지 않았던 것이다. 그 결과 1638년 2월 22일 국왕에게 본격적으로 항의하기 위한 녹탁 위원회(the Committee of the Green Table)가 설치되었으며[45] 2월 28일에는 국왕에 대한 항의문이 작성되었다. 그것이 바로 '국민 계약'(national covenant)이다.

헨더슨의 주도로 작성된 국민 계약은 일부 계층에 한정된 것이 아닌 국민적 저항을 의미했다. 실제로 1638년 2월 28일 에든버러의 그레이피어(Grayfare) 교회에서 시작된 국민 계약의 서명은 비교적 단시간에 전국적으로 확산되었다.[46]

그것의 배경에는 국가 차원에서 계약을 체결하는 스코틀랜드의 전통이 자리 잡고 있었다. 실제로 스코틀랜드인들은 어떤 중대한 사건이 발생하거나 혹은 위기를 맞이했을 때 그들의 뜻과 행동을 일치시키는 전통이 있었다. 그럴 경우 그들은 스스로의 결의를 보이기 위해 하나님 앞에 서약을 했

이었다. 그들 가운데 딕스와 헨더슨은 목사였다. 이는 당시 스코틀랜드의 귀족들도 국왕의 정책에 반발하고 있었음을 보여 주는 것이다.

44) Stevenson, *The Scottish revolution*, p.73.
45) F. McCoy, *Robert Baillie and the second Scots reformation* (Berkeley: University of California Press, 1974), pp.33-4.
46) Stevenson, *The Scottish revolution*, p.83.

다.47) 계약은 하나님이 선택된 인물과의 약속 관계를 맺는 것을 의미한다. 그것의 주체는 하나님이다. 하나님은 계약을 통해 인간과 연합하신다. 인간이 하나님의 법을 순종하면 복을 받고 그렇지 않을 경우 징벌을 받게 된다. 그렇기 때문에 인간은 믿음으로 하나님의 법을 받아야 하고 하나님의 계명에 복종하면서 살아야 한다.

계약은 하나님과 개인에게 한정되지는 않았다. 개인이 모여 가족을 이루고 가족이 모여 사회 공동체 혹은 국가가 형성되듯이 계약이 사회 공동체 혹은 국민 전체와 맺어지는 경우가 있기 때문이다.48) 바로 그 점에서 계약은 특정 계층에 한정되지 않았다. 국민 전체를 대상으로 할 수 있었다. 그럴 경우 계약의 불이행은 다분히 국민 전체의 저항 운동으로 발전할 여지가 있었다. 하나님과의 관계가 단절된 왕은 더 이상 그들의 진정한 국왕이 아니기 때문이다.

---

47) G.D. Henderson, *The burning bush: studies in Scottish church history* (Edinburgh: St. Andrew Press, 1957), p.61. 고지대를 중심으로 외부적 공격이나 이질적인 문화의 유입을 막기 위해 시작된 결사의 관습은 점차 가톨릭에 대항하기 위한 것으로 바뀌었다.
48) 『구약』 '열왕기하' 23장 참조.

Ⅲ. 국민 계약과 청교도 혁명

1. 국민 계약의 내용

　1630년대 잉글랜드의 상황은 겉으로 보기에는 대체로 평화
로웠다. 1629년 의회를 해산한 이후 11년간 찰스 1세는 종교
문제는 로드에게 그리고 정치 문제는 스트래퍼드 백작(Earl
of Strafford)에게 의지하면서 의회 없이 자의적인 정치를 해
왔다. 역사가이자 왕당파의 지도자였던 하이드(Edward Hyde)
는 당시를 다음과 같이 적고 있다.

　　이러한 축복된 상황에서……보일락말락한 작은 구름 한 조각
　이 북쪽(스코틀랜드)에서 나타나, 금세 폭우를 동반하더니 마침
　내 세 왕국의 인재들을 모조리 뿌리째 뽑아 버리고 그들의 아
　름답고 탐스러운 열매를 모두 파괴해 버렸으며 국력을 쇠퇴시
　키고 영광을 모멸의 대상으로 만들었다.[1]

　그러나 외견상의 평화로움과는 달리 잉글랜드는 내면적으

---

1) Gruber, *The English revolution*, p.49.

로 많은 갈등이 존재했다. 또한 그것은 심각한 정치적 격변으로 이어졌다. 하이드의 언급에서 나타난 작은 구름이 폭우로 바뀐 것이다. 그 '작은 구름'이 바로 국민 계약이라 할 수 있다. 국민 계약이 만들어지면서 스코틀랜드는 잉글랜드의 문제에 끊임없이 개입하게 되었고 그것이 영국 혁명의 발발에 많은 영향을 미쳤기 때문이다.

국민 계약파가 국왕 찰스 1세에게 저항한 명분은 다음과 같이 정리할 수 있다. 국민 계약의 내용에서 확인할 수 있는 그것은 먼저 가톨릭 의식을 부정하는 것을 그 골자로 했다. 그것의 전문에는 1581년 1월에 제임스 1세가 서명한 부정 신조(the negative confession)의 갱신을 다음과 같이 언급하고 있다. "1581년에 처음으로 국왕과 그의 가족이 서명했고……1638년 우리들 귀족, 젠틀맨, 목사 그리고 보통 사람들이 서명했다"는 것이 그것이다.[2] 국왕이 가톨릭 신자가 아니라는 것을 알리는 데 그 목적을 둔 부정 신조를 갱신했다는 사실은 국민 계약이 가톨릭을 부정한다는 것을 분명히 하는 것이다.[3]

둘째, 국민 계약은 성도의 의무를 규정했다. 성도는 가톨릭이나 여타 세력으로부터 교회를 방어해야 한다. 그것을 위해 국민 계약은 국왕에 대한 충성은 왕이 어떠한 정부를 만드는가에 달려 있다는 것을 지적하고 있다. 스코틀랜드의 교회를 수호하고 외부의 적을 방어하는 하나님의 관리가 될

---

2) 국민 계약의 전문은 G. Donaldson(ed.), *Scottish historical documents* (Edinburgh: Scottish Academic Press, 1974), pp.194-201 참조.
3) 홍치모, 『스코틀랜드 종교 개혁과 영국 혁명』, p.245.

경우 신민의 충성을 받을 수 있으며 그 반대의 경우 국왕은
저항에 직면할 수 있다는 것이다.[4]

국왕이 장로교를 수호하지 못하고 왕답지 못할 경우 저항
할 수 있다는 논리는 당시 스코틀랜드에 상당히 소개되었다.
특히 "독재자가 하나님에 대한 경배를 모독하고 국가의 권리
와 기초를 흔들 경우 우선 말로써 저항해 보고, 다른 방법이
성공하지 않을 경우 무력으로 저항해야 한다"는 알투지우스
(Johannes Althusius)의 사상이 그 대표적인 경우이다.[5] 그
것은 국민 계약을 주도한 인물들에게 많은 영향을 미쳤다.[6]
계약된 국왕이 아닐 경우, 즉 법을 준수하지 않고 하나님을
경외하지 않을 경우 저항은 당연시될 수 있었기 때문이다.

실제로 1638년 국민 계약의 서명이 이루어지면서 스코틀
랜드의 사정은 달라졌다. 1638년 11월 21일부터 12월 20일
까지 글래스고(Glasgow)에서 총회가 열렸다. 그것의 결과는
국왕의 대권에 심대한 타격을 주었다. 무엇보다도 주교 제도
가 폐지되었다. 또한 스코틀랜드 교회는 최소 1년에 한 번은

---

4) Margaret Steel, 'The politick christian: the theological background to
the national covenant', in John Morrill(ed.), *The Scottish national
covenant in its British context 1638-51* (Edinburgh: Edinburgh
University Press, 1990), pp.40-2.

5) 알투지우스에 대한 전반적인 소개는 趙源弘, 'Johannes Althusius의 國家
論', 『大丘史學』第32輯 (1987), pp.163-98 참조.

6) 그의 대표적인 저서 『정치학 체계론』(*Politica methodice digesta*,
1603)은 국민 계약에 영향력을 행사했던 인물들이 참고했다. Edward
Cowan, 'The making of the national covenant', in John Morrill(ed.),
The Scottish national covenant in its British context 1638-51
(Edinburgh: Edinburgh University Press, 1990), p.80.

종교 회의의 소집이 가능하게 되었다.[7]

그러한 상황은 국왕과의 갈등을 야기했다. 이제 국민 계약 파도 통치 조직의 정비를 시도하면서 군사적 행동의 준비를 시작했다. 이처럼 국민 계약은 계약된 국왕, 즉 가톨릭을 부정하고 스코틀랜드의 장로교를 수호할 것을 요구하고 있다. 그렇다면 당시 스코틀랜드인들이 국왕 제임스 1세와 달리 찰스 1세에게 직접적인 반발을 한 이유는 무엇일까?

제임스 1세는 주교 제도를 통해 왕권을 교회 위에 두고자 했다. 그러나 찰스 1세의 종교 정책은 왕권의 강화는 물론 그것을 신성시하는 데 그 목적을 두었다.[8] 바로 그것이 갈등의 원인이었다. 1633년 찰스 1세는 로드를 캔터베리 대주교에 임명했다. 당시 로드가 도입한 것이 그리스도의 죽음은 이미 예정된 선택받은 자들만을 위한 것이 아니라 만인의 구원을 위한 것이라는 아르미니우스주의(Arminianism)였다. 그렇기 때문에 당시 로드의 정책은 스코틀랜드의 장로교들에게는 가톨릭과 동일시되었다. 아르미니우스파가 예배 의식과 형식을 중시하고 성직자의 위계를 강조했으며 교회가 일반 신도들에게 명령을 했다는 것 등이 바로 그 이유였다.[9]

그러한 분위기는 저항으로 이어질 수 있었다. 국민 계약파들에게 국왕 찰스 1세는 더 이상 그들에게 진정한 신앙을 수호할 수 있는 책임 있는 인물로 인식될 수 없었다.[10] 때

---

7) Stevenson, *The Scottish revolution*, p.125.
8) p.32 각주 35) 참조.
9) Steel, 'The Politick Christian', in Morrill(ed.), *The Scottish national covenant*, pp.35-7.

문에 국왕에게 저항하는 것은 오히려 정당한 것으로 자리 잡을 수 있었다.

2. 국민 계약파의 투쟁 준비

국민 계약파와 국왕 찰스 1세와의 갈등은 물리적 충돌로 나아갔다. 또한 스코틀랜드인들은 그것을 준비하기 위해 행정 체제의 정비를 시도했다.[11] 먼저 통치 조직이 정비되었다. 1639년 스코틀랜드의 국민 계약파는 중앙과 지방의 정부 조직을 정비했다. 중앙의 녹탁 위원회와 지방 위원회가 바로 그것이다.

지방 위원회는 종교적 기구가 아니었다. 평신도로 구성된 행정기구였다. 그것은 4명의 젠트리(gentry)로 구성되었다. 그들은 직접 중앙의 녹탁 위원회와 연락하면서 지방 행정을 담당했다.[12] 몇 명의 행정 위원이 중심이 되어 지방을 통치했기 때문에 이를 과두적 중앙집권주의(oligarchic centralism)라 하여도 좋을 것 같다.

---

10) 찰스 1세는 1625년 프랑스의 가톨릭인 마리아(Henrietta Maria)와 혼인했다. 그것도 개신교가 국왕을 의심한 한 가지 원인이 될 수 있었다.

11) A.I. Macinnes, 'The Scottish constitution, 1638〜51: the rise and fall of oligarchic centralism', in John Morrill(ed.), *The Scottish national covenant in its British context 1638-51* (Edinburgh: Edinburgh University Press, 1990), p.106.

12) ibid., p.113.

지방 위원회는 당시 당면한 문제, 즉 찰스 1세와의 전쟁에 대비하여 다음과 같은 활동을 했다. ① 군대를 소집하여 무장 및 훈련시키고, ② 군대를 운영하기 위해 토지나 상업 활동에서 얻은 이익금에 대한 세금 부과 ③ 각 지역별로 위원회의 업무 내용을 알리는 것 등이 바로 그것이다.[13]

과두적 중앙집권주의는 군사적인 측면에서 상당한 기여를 했다. 스코틀랜드의 군대는 국왕이 아닌 국가의 소속으로 자리 잡았기 때문이다.[14] 실제로 스코틀랜드는 스웨덴에 이어 유럽에서 두 번째로 국가 군대를 보유할 수 있었다. 당시 스코틀랜드의 군대는 조직이나 경험 등에서 여타 국가와 구별되었다. 지방 위원회는 먼저 징집 대상자의 명단을 작성했다. 그것을 바탕으로 16~60세의 성년 남자를 징집했다. 그 결과 각 주(shire)마다 보병과 기병을 1연대씩 운영했다.

국가 군대로의 편제와 더불어 스코틀랜드는 군대 지휘관이나 전술 면에서 더욱 보강되었다. 당시 군대는 레슬리(Alexander Leslie)가 영도했다.[15] 그는 30년 전쟁(1618~1648)에서 스웨덴의 육군을 이끈 인물이다.[16]

이처럼 스코틀랜드의 군대는 결코 무시할 수 없는 전술과 조직을 갖출 수 있었다. 거기에 신앙적 열정도 있었다.[17] 그

---

13) ibid, p.114.
14) Davis, *The early Stuarts*, p.88.
15) Stevenson, *The Scottish revolution*, p.130.
16) 30년 전쟁을 수행한 스웨덴의 국왕은 구스타부스(Adolfus Gustavus)였다. 그는 유럽 역사상 처음으로 국민군을 창설했다. 국가에서 먹여주고 훈련을 담당했을 뿐만 아니라 급여까지 주었다. 때문에 스웨덴군의 사기는 용병에 비할 바가 아니었다.

러나 찰스 1세의 군대는 달랐다. 잉글랜드의 경우 국왕은 평
상시에 군대를 보유할 수 없었다. 그렇기 때문에 국왕이 의회
의 동의 없이 소집한 군대는 전력이나 운영 체제에 있어서
국민 계약파의 그것과 비교될 수 없었다.

3. 국민 계약파와 찰스 1세의 충돌

1639년 5월 찰스 1세는 군대를 소집했다. 그 결과 한 달
뒤 6월 두 군대는 버윅(Birwick)에서 마주쳤다. 이른바 제1차
주교 전쟁(The first bishop's war)이 바로 그것이다. 당시 스
코틀랜드의 군대와 국왕 찰스 1세의 군대는 별다른 무력 충
돌이 없었다. 상대방에 대한 정보 부족과 일종의 두려움에서
그와 같은 일이 생긴 것이다.[18]

그해 6월 버윅성(Berwick Castle)에서 휴전이 조인되었다.
'버윅의 평화'(pacification of Berwick)에서 스코틀랜드인들
은 군대를 해체하기로 했다. 국왕 찰스 1세는 글래스고 총회
의 결정을 추인했다. 또한 그는 스코틀랜드에서 주교 제도를
폐지하도록 허가했다.[19]

그러나 찰스 1세는 "주교 없이 국왕도 없다"(no bishop,
no king)는 부왕의 금언을 잊지 않고 있었다. 찰스 1세에 있

---

17) Coward, *The Stuart age*, p.180.
18) 김중락, '1641년 잉글랜드의 분열과 스코틀랜드', p.147.
19) Stevenson, *The Scottish revolution*, p.152.

어서 평화 조약은 스코틀랜드에 대해 그의 의지를 강요할 수 있는 충분한 힘을 모을 때까지 시간을 버는 하나의 수단에 불과한 것이었다.

스코틀랜드인들도 마찬가지였다. 물론 그들은 국왕의 정통성을 의심하지 않았으며, 충성심도 가지고 있었기 때문에 협상을 하게 되었다. 그러나 국민 계약파는 곧 국왕 찰스 1세의 의도를 파악했다. 또 다른 충돌이 충분히 예견될 수 있는 상황이었다.

국왕 찰스 1세는 힘의 필요라는 문제를 해결하기 위해 노력을 경주했다. 이때 아일랜드에서 귀환한 스트래퍼드(Strafford)는 그에게 의회를 소집하도록 권했다. 제1차 주교 전쟁 시 1323년 이후 처음으로 의회의 동의 없는 상태에서 이루어진 군대의 소집이 지닌 한계를 이해했기 때문이다.

1640년 4월 13일 국왕 찰스 1세는 군비 모집을 위해 의회를 소집했다. 이른바 단기 의회가 바로 그것이다. 당시 의원의 대다수는 청교도적인 성향을 지녔을 뿐만 아니라 친스코틀랜드적인 입장을 보였다.[20] 자신의 지지자를 충분히 확보할 수 없었던 국왕 찰스 1세가 의회로부터 군비 지원을 거부당한 것은 당연한 결과였다.

한편 스코틀랜드에서는 1640년 8월 의회가 열리게 되었다. 그 과정에서 한 가지 특기할 만한 사실은 '3년 의회법'(triennial act)이 통과된 것이다.[21] 적어도 3년마다 한 번

---

20) 김중락, '1641년 잉글랜드의 분열과 스코틀랜드', p.148.
21) Stevenson, *The Scottish revolution*, p.162.

은 의회가 소집되어야 하며 국왕도 참석해야 한다는 그것은 스코틀랜드의 사정에서 상당 부분 기인했다. 그들의 국왕이 런던에 있는 상황에서 의회가 국왕을 견제하는 것이 여의치 않았기 때문이다.

그러한 상황에서 국민 계약파는 1640년 8월 20일 트위드 강(Tweed river)을 건너 국왕 찰스 1세의 군대와 충돌하게 되었다. 이른바 제2차 주교 전쟁(the second bishop's war)이 바로 그것이다. 당시 국왕 찰스 1세의 군대는 의회의 지원이 없는 상황에서 제대로 준비가 되지 않았다. 스코틀랜드의 군대는 승리했고, 국왕의 군대는 요크(York)까지 퇴각했다.

4. 국민 계약파의 연쇄 충격

국민 계약파는 국왕 찰스 1세와의 전쟁에서 상당한 성과를 거두었다. 또한 그들의 영향력은 영국 혁명의 추이에 심대한 영향력을 행사했다. 여기서 이른바 '연쇄 충격 효과론'(billiard ball effect)에 주목할 필요가 있다.22) 한 왕국의 사건이 다른 두 지역에 영향을 미쳤다는 것이다.23)

---

22) Conard, Russell, *The causes of the English civil war*, p.27
23) 모릴(John Morrill)도 그와 유사한 견해를 피력한 바 있다. 그는 영국 혁명을 잉글랜드의 문제로만 국한시킬 것이 아니라 잉글랜드, 스코틀랜드 그리고 아일랜드로 이루어진 영국에서 그 원인을 찾고자 했다. Morrill, 'The national covenant in its British context', in Morrill(ed.), *The Scottish national covenant*, p.3.

　실제로 제2차 주교 전쟁 이후 국민 계약파는 잉글랜드와 아일랜드에 상당한 영향력을 행사했다. 스코틀랜드는 잉글랜드의 의회와 국왕의 정치력에 심대한 영향력을 행사했다. 경우에 따라 의회와 국왕의 갈등을 야기하기도 했다. 전쟁에서 승리한 스코틀랜드는 국왕 찰스 1세에게 군대 주둔 유지비를 하루에 £50을 요구했다. 그것이 1640년 11월 3일에 의회가 새로이 소집된 이유였다. 그러나 1653년까지 존재한 그것은 잉글랜드 혁명의 원동력이었던 장기 의회(Long Parliament)로서 국왕에 대한 복수와 함께 광범한 변화를 추구했다.

　국민 계약파는 국왕 찰스 1세의 정치력을 약화시켰다. 13명으로 구성된 그들의 대표들은 1640년 11월 국왕과 런던에서 협상했다. 국민 계약파는 전쟁 배상 문제와 로드와 스트래퍼드의 탄핵 문제를 주요 내용으로 하는 강화 조건을 제시했다.[24] 그것은 국왕 찰스 1세의 입지를 약화시킬 여지가 다분했다. 그러나 1641년 8월 25일 국왕 찰스 1세는 스코틀랜드 의회에서 조약 문서에 정식으로 조인할 수밖에 없었다.[25]

　한편 장기 의회는 3년 의회법을 통과시켰다. 거기에도 스코틀랜드인들은 영향력을 행사했다. 국민 계약파는 자신들과 국왕과의 협약이 의회에서 승인될 수 있기를 희망했다. 다시 말하면 스코틀랜드인들은 잉글랜드의 의회가 국왕에 의해 소

---

24) Stevenson, *The Scottish revolution*, pp.216-7.
25) 국왕 찰스 1세의 본심은 향후 국민 계약파가 군사적 행동을 다시 취하지 않게 하고, 스코틀랜드의 왕당파를 중심으로 자신의 지지 세력을 모으는 것이었다. *ibid*., p.233.

집이 방해될 가능성을 배제하고자 했던 것이다.

찰스 1세는 의회 없이 통치할 수 없게 되었다. 그는 잉글랜드 의회의 협력을 얻기 위해 로드와 스트래퍼드를 재판에 회부했다. 그것은 국왕 찰스 1세의 정치적 영향력이나 권위에 많은 손상을 준 것은 물론 새로운 사태를 야기했다. 아일랜드에서 반란이 일어났던 것이다.

가톨릭을 신봉하고 있던 아일랜드인들은 국민 계약파에 많은 부담을 느끼고 있었다. 또한 스트래퍼드의 재판으로 잉글랜드 의회의 지배를 염려하게 되었다. 그것이 관용을 호소하기 위한 반란으로 이어졌던 것이다.

국민 계약파는 아일랜드의 반란을 진압하기 위해 참전했다. 얼스터(Ulster)에는 장로교를 믿는 많은 스코틀랜드인이 있었기 때문이다.[26] 또한 국민 계약파의 참전은 국왕 찰스 1세와 잉글랜드의 의회로부터 지지를 받았다. ① 국왕 찰스 1세의 입장에서는 국민 계약파의 관심을 다른 곳으로 돌릴 수 있었으며 ② 잉글랜드 의회의 경우 국왕이 반란의 진압 과정에서 새로운 정치력을 얻는 것을 방지하고자 했기 때문이다.

한편 잉글랜드 의회는 1642년 상반기에 국왕 찰스 1세와 협상하기보다는 스코틀랜드의 지지를 획득하고자 했다. 국왕 찰스 1세도 1642년 노팅엄(Nottingham)에서 군사 행동을 시작했다. 이른바 제1차 잉글랜드 내란이 일어나게 된 것이

---

26) Stevenson, *The Scottish revolution*, p.294

다.27)

전쟁 초기에 양측의 세력은 비등했다. 그러나 1643년 여름 이후 전세는 국왕의 군대에 다소 유리하게 되었다. 이러한 상황에서 잉글랜드 의회는 스코틀랜드와 군사 동맹을 맺기를 원했다. 당시 스코틀랜드는 잉글랜드 교회를 개혁하여 장로교로 일치되기를 원했다. 반면 잉글랜드인들은 주로 정치적인 동맹을 강조했다.28) 그 결과 1643년 8월 17일 에든버러에서 '엄숙 동맹과 계약'(Solemn league and covenant)의 원안이 작성되고 9월 25일 총회와 잉글랜드 의회에 의해 승인되었다.29)

이처럼 국민 계약파는 복합 왕국에 연쇄 충격을 주었다.

---

27) Gruber, *English revolution*, p.80. 역사학계에서는 영국 혁명을 내전이라는 용어로 표현하기도 한다. 그것은 영국 혁명이 위대한 혁명 이념을 가진 필연적 사건이 아니었고 영향력도 미약했다는 판단에서 비롯된 것이다. 유럽 최후의 종교 전쟁 혹은 영국 최후의 귀족 전쟁이라는 것이다. 김민제,『영국 혁명의 꿈과 현실: 서양 근대 혁명사 삼부작 제1부』(서울: 역민사, 1998), pp.43-4. 그러나 필자는 내란을 대체로 군사적 충돌에 한정하여 사용하고자 한다. 그럴 경우 영국 혁명의 의의를 보다 적극적으로 부각할 수 있기 때문이다.
28) W. Notestein, 'The establishment of the committee of both kingdoms', *American historical review*, 17 (1912), pp.479-80.
29) 엄숙 동맹과 계약은 다음의 네 가지로 나누어 볼 수 있다. ① 규율이나 조직을 하나님의 말씀에 따라 개혁된 스코틀랜드의 교회를 보존하고 잉글랜드 교회도 역시 하나님의 말씀에 따라 개혁한다는 것이다. ② 가톨릭교, 기도서, 우상 숭배, 이교, 교회 분파, 이단 그리고 두 왕국에서의 국왕의 의지에 반대하는 모든 것을 근절시킨다는 것이다. ③ 양 왕국의 의회의 권리와 특권, 양국의 자유를 보존하고 진정한 종교를 지키기 위해 왕 자신과 권위를 보존한다는 것이다. ④ 종교 개혁을 방해하거나 국왕과 신민을 분리시키거나 두 왕국을 분리하는 모든 시도를 엄벌한다는 것이다. Stevenson, *The Scottish revolution*, p.285.

그러나 그들에게는 분명한 목적이 있었다. 그들의 종교인 장로교를 지키고 전파하자는 것이 바로 그것이다. 그것이 잉글랜드와 아일랜드의 정국에 심대한 영향력을 행사했던 것이다. 당시 스코틀랜드는 영국 혁명의 중심에 위치하고 있었던 셈이다.30)

---

30) 최근 영국 혁명을 언급하는 과정에서 청교도 혁명이라는 용어에 다시 시선이 모이고 있다. 잉글랜드, 스코틀랜드 그리고 아일랜드의 종교가 상이한 상태에서 내전이 발생했기 때문이다. 그 과정에서 청교주의가 중요한 역할을 했다고 판단했기 때문이다. 이종은, '영국 혁명의 의의 및 크롬웰의 역할', p.146.

IV. 2차 내란에서 군사적 통합으로

1. 국왕 찰스 1세의 항복

1643년 11월에 잉글랜드와 스코틀랜드의 군사 동맹이 체결되었다.[1] 1644년 레슬리 장군의 지휘하에 18,000명의 보병과 2,000명의 기병이 의회파 군대를 지원하여 요크셔(Yorkshire)의 마스턴 무어(Marston Moor) 전투에 참전하게 되었다.

문제는 그것의 과정이 아닌 결과였다. 전투가 스코틀랜드의 군대가 아닌 크롬웰(Oliver Cromwell)의 지휘와 주도로 이루어졌기 때문이다. 그의 군대는 '정직하고 신앙심이 깊었으며, 철저하게 훈련되고 사려 깊게 감독되었다'는 평가를 받았다.[2] 크롬웰의 성공은 의회파 내부에서 국왕 찰스 1세와의 전쟁에서 스코틀랜드 군대의 역할에 회의를 가져왔다. 자연, 엄숙 동맹과 계약의 이행은 불투명하게 될 여지가 다분했다. 마스

[1) 잉글랜드의 의회는 스코틀랜드 군인 20,000명에게 하루 £30,000의 비용을 부담할 것을 약속하는 조약을 체결했다.
2) Chalrles Firth, *Oliver Cromwell and the rule of the puritans in England* (London: Oxford University Press, 1953(1901)), p.106.

턴 무어 전투 이후 크롬웰의 신형군(New Model Army)이
국왕 찰스 1세와의 전쟁을 주도하게 되었기 때문이다.

그러한 상황에서 왕당파의 군대는 1645년 6월 네이스비
(Naseby) 전투 이후 무기력해졌다. 그것은 크롬웰의 탁월한
군사적 능력뿐만 아니라 경제적 상황에서 많은 영향을 받았
다. 국왕의 군대는 봉급을 제대로 받지 못해 거의 해체 상태
였다. 이에 반해 크롬웰의 신형군은 봉급을 제대로 받을 수
있었다.[3]

1646년 4월 국왕 찰스 1세는 항복을 결심했다. 그러나 그
는 의회가 아닌 스코틀랜드 군대에 투항했다. 이후 약 1개월
만에 왕당파의 군사적 본거지인 옥스퍼드(Oxford)가 의회파
에 의해 점령되었다.

이제 내란은 겉으로 보기에는 의회 지지자들의 승리로 일
단락되는 듯했다. 그러나 그것으로 상황이 종료된 것은 결코
아니었다. 국왕의 전제 정치는 중지되었지만, 그렇다고 하여
의회 정치가 확립된 것이 아니었기 때문이다.[4]

실제로 당시 잉글랜드와 스코틀랜드는 한 명의 국왕이 복
합 왕국을 통치했던 상황처럼 내란으로 인한 문제를 해결해
야 하는 어려움에 직면했다. 1646년 5월 스코틀랜드인들은
국왕 찰스 1세를 뉴캐슬로 데리고 갔다. 장로교 신학자들에게
국왕을 설득하기 위함이었다.[5] 당시 스코틀랜드인들은 그들

---

3) Kenneth O. Morgan, *The Oxford history of Britain* (Oxford: Oxford
   University Press, 1988), 영국사연구회(역), 『옥스퍼드 영국사』 (서울:
   한울, 1994), p.371.
4) 임희완, 『영국 혁명과 종교적 급진 사상』 (서울: 새누리, 1993), p.97.

의 교회 조직이 잉글랜드에서 실시될 것과 내란 기간 중의 군사적 원조에 대한 대가를 원하고 있었다.6)

잉글랜드 의회도 마찬가지였다. 당시 의회는 군대의 일률적인 통제에 잉글랜드인들이 반감을 느끼고 있었던 상황을 이용하여 정치적 영향력을 극대화하려 했다. 의회의 다수파였던 장로파는 국왕 찰스 1세와 새로운 협상을 제의했다. 1646년 7월의 이른바 '뉴캐슬 제안'(the Newcastle proposals)이 바로 그것이다. 그것은 대체로 다음과 같은 내용을 담고 있었다. ① 국왕에게 왕으로서의 위엄을 유지할 수 있게 하는 대신 ② 의회가 군대를 20년간 다스리며 ③ 국왕 찰스 1세는 엄숙한 동맹과 계약을 준수하고 장로교 제도를 지지한다는 것 등이 바로 그것이다.7)

스코틀랜드와 잉글랜드 의회의 제안에 대해 국왕 찰스 1세는 즉각적인 답을 피하면서 정치적 술수를 모색했다. 그는 프랑스와 에스파냐와 협상을 하면서 잉글랜드 의회와 군대에 대해 개별적인 접촉을 시도했다. 그러나 국왕 찰스 1세에게 그와 같은 정국을 주도할 만한 뒷받침이 없었다. 실질적인 힘은 군대에 있었기 때문이다.8)

국왕 찰스 1세와의 협상에 뚜렷한 진전이 없는 상황에서 1647년 1월 30일 스코틀랜드인들은 £400,000의 보상을 받고 국왕 찰스 1세를 잉글랜드 의회에 인도했다. 그러나 당시

---

5) Gruber, *English revolution*, p.96.
6) *ibid*, p.97.
7) 임희완, 『영국 혁명과 종교적 급진 사상』, p.98.
8) *ibid*.

잉글랜드의 의회와 군대는 서로 반목하고 있었다. 의회는 보수적인 장로파가, 군대는 장로교나 국교회를 거부하는 독립파(independents)가 주축이 되었다.[9] 당시 독립파는 그들 스스로 양심의 자유와 국교회 바깥에서 자유롭게 종교 집회를 열 수 있는 권리를 요구했다.[10]

군대와 협조 관계를 유지하지 못한 의회는 독립파를 인정하지 않는 방향으로 정책을 추구했다. 1647년 3월 의회는 군대의 일부를 수비대로 남겨두고 나머지는 아일랜드로 보내거나 해산시키려 했다.[11] 의심되는 군 장교들을 제대시키거나 그들이 원하는 인물로 교체하기 시작했다. 뿐만 아니라 장로파는 찰스 1세에게 3년간 장로 제도를 승인할 경우 왕위를 복귀해 주겠다는 제안을 했다.[12]

의회와 군대의 갈등이 고조되는 상황에서 군대의 불만이 표출되었다. 1647년 4월 군대의 사병들이 그들의 대표자를 선출하는 상황이 나타났다.[13] 그 뒤 그들은 독재로 흐르고 있는 의회는 물론 장교들과도 대립했다.[14] 그러한 혼란에 직면한 크롬웰은 1647년 6월 4일 군대와 함께 행동할 것을 결심했다.

---

9) 김현수, 『영국사』(서울: 대한교과서, 1997), p.150.
10) Morgan, *The Oxford history of Britain*, 영국사연구회(역), 『옥스퍼드 영국사』, p.374.
11) *ibid.*, p.375.
12) 김현수, 『영국사』, p.150
13) 이른바 '선전원'(agitator)이 바로 그들이다. 8개 기병으로부터 2명씩 선출한 이후 보병으로 확산되었다. 전체 사병을 대표하는 그들의 회의는 의회와 대립했다. 임희완, 『영국 혁명과 종교적 급진 사상』, p.99.
14) *ibid.*, p.101.

당시 크롬웰이 미온적인 태도를 버리고 군대를 택한 것을 두고 상반된 평가가 이루어지고 있다. 먼저 그를 기회주의자로 보는 것이다. 성년 남성의 참정권, 공화정 그리고 의회의 매년 개원 등을 주장한 수평파(the levellers)를 중심으로 장로파 의회의 탄핵이 두려워서 군대와 손을 잡았다는 견해가 바로 대표적인 경우이다.15) 그 다음 크롬웰의 종교적 입장에서 비롯되었다는 평가이다. 그의 종교적 관용에 대한 신조 때문에 정치적 급진주의자의 편에 가담하게 되었다는 것이 바로 그것이다.16)

1647년 8월 7일 크롬웰과 군대는 의회를 보호한다는 명분으로 런던으로 진입했다. 그 결과 군대에 강경한 입장을 취했던 11명의 장로파 의원이 추방되었으며, 장로파의 의회 등원을 제한했다.17) 이제 의회에서 독립파의 세력이 커지게 되었음은 물론 군대 또한 핵심 정치 세력으로 자리 잡게 되었다.

2. 2차 내란

이제 상황은 국가적으로는 점차 잉글랜드와 스코틀랜드라는 양국의 그리고 종교적으로는 장로파와 독립파와의 대결이

---

15) *ibid.*
16) Christopher Hill, *God's Englishman: Oliver Cromwell and the English revolution* (London: Weidenfeld & Nicolson, 1970), p.213.
17) 이종은, '영국 혁명의 의의 및 크롬웰의 역할', p.159.

나타나면서 복잡한 양상을 보이기 시작했다. 잉글랜드와 스코틀랜드의 갈등은 장로교의 수용 여부가 주요 관건이 되었다.

영국 혁명의 추이에 있어서 잉글랜드와 스코틀랜드 양국의 종교는 핵심 쟁점이었다. 그와 관련하여 장로교의 전파에 적극적이었던 스코틀랜드의 활동은 특히 두드러졌다. 그들의 희망은 종래의 견해처럼 하나의 통합된 교회는[18] 아니었다. 문제는 교회 조직의 통일에 있었다.

물론 잉글랜드에서도 교회 조직에 관한 관심이 있었다. 1641년의 경우는 더욱 그러했다. ① 스코틀랜드 교회를 두고 모범적인 교회로 평가된 '빌라델비아'(Philadelphia) 교회로[19] ② 잉글랜드 교회를 차지도 덥지도 아니한 교회로 책망 받은 '라오디게아'(Laodicea) 교회로[20] 언급한 일부 팸플릿의 내용이 그것을 잘 보여 준다.[21]

그러나 일부 호의적인 평가에도 불구하고 잉글랜드에서 장로교는 정확하게 이해되지 못했다.[22] 특히 당시에 비교적 바람직한 정치 제도로 인정받았던 군주정과 장로교는 어울리지 않는다는 평가를 받았다. 그러한 상황은 장로교를 확립하고

---

18) James D. Ogilvie, 'Church union in 1641', *Records of the Scottish church history*, 1 (1926), pp.150-1 김중락, '1641년 잉글랜드의 분열과 스코틀랜드', p.160에서 재인용.
19) 『신약』 '요한계시록' 3:8.
20) 『신약』 '요한계시록' 3:15.
21) 김중락, '1641년 잉글랜드의 분열과 스코틀랜드', p.163.
22) "비록 장로교가 스코틀랜드에서 일반적으로 수용되었지만, 여기서는 이상한 제도였다"는 백스터(Richard Baxter)의 1696년 언급이 그것을 잘 나타낸다. 김중락, '1641년 잉글랜드의 분열과 스코틀랜드', p.164.

자 하는 스코틀랜드와 그것을 꺼리는 잉글랜드로 하여금 각
기 다른 반응으로 이어질 수 있게 하였다.

한편 1647년 11월 국왕 찰스 1세는 햄프턴 코트(Hampton
Court)에서 와이트 섬(the Isle of Wight)으로 탈출했다. 그러
나 그는 곧 그곳의 카리스르크(Carisbrooke) 성에 유폐되었
다.23) 그와 같은 상황에서 당시 국왕은 잉글랜드 의회와 스코
틀랜드인들과 이중 협상을 진행했다.

먼저 1647년 12월 24일 잉글랜드 의회는 '4개 안'(the four
bills)을 제안했다. 그것의 내용은 다음과 같이 정리될 수 있
다. ① 20년 동안 의회가 군대의 명령권을 지닐 것 ② 의회에
반대되는 모든 법령 및 선포를 무효로 할 것 ③ 찰스 1세 이
후 만들어진 귀족을 의회에서 배제할 것 ④ 의회의 휴회를
마음대로 할 수 있을 것이 바로 그것이다.24)

이에 대해 국왕 찰스 1세는 스코틀랜드인과 비밀 협상을
했다. 12월 26일에 행해진 그와 스코틀랜드의 밀약은 다음
과 같이 정리될 수 있다. ① 스코틀랜드는 찰스 1세에게 혁
명 이전의 권위를 회복시켜 주기 위해 국왕의 이름으로 군
대를 파견하며 ② 그 대가로 독립파를 억압함과 동시에 3년
동안 영국에 장로교를 실시한다는 것 등이 바로 그것이다.25)

국왕 찰스 1세의 이중적인 협상은 1647년 12월 28일 일
단락되었다. 그는 의회의 제안을 거부했다. 대신 스코틀랜드

---

23) 당시 성의 책임자가 크롬웰의 사촌이었기 때문에 국왕 찰스 1세에
   게 결코 유리한 입장이 아니었다. Gruber, *English revolution*, p.97.
24) 임희완, 『영국 혁명과 종교적 급진 사상』, p.109.
25) Gruber, *English revolution*, p.101.

인들과 하나의 조약을 체결했다. 이른바 '왕약'(Engagement)
이 바로 그것이다.26)

왕약을 체결한 스코틀랜드의 판단은 대체로 다음의 사실에
근거했다. 신앙의 자유를 추구하는 잉글랜드의 독립파가 세력
을 더해 감에 장로교의 전파가 한계에 직면할 수 있다는 것
이 바로 그것이다. 바로 그 문제를 국왕 찰스 1세를 통해 해
결하고자 했던 것이다.27)

그러나 왕약을 체결한 국왕 찰스 1세의 판단은 결론적으
로 옳지 못했음을 보여 준다. 물론 당시 잉글랜드에 왕당파
의 세력이 강력하게 존재하고 있었다. 그러나 대다수의 잉글
랜드인들은 사상적으로 대의 정부를 선호했다.28) 그 결과 잉
글랜드 의회는 국왕으로부터 더 이상 어떠한 제안이나 대응
도 하지 않고 받지도 않을 것을 결의했다. 이른바 1648년 1
월의 '불응 법안'(Bills of no address)이 바로 그것이다.29)

찰스 1세와 왕약을 체결한 스코틀랜드의 사정도 그리 간단
하지 않았다. 왕약을 두고 찬반양론이 팽팽하게 대립했다. 당
시 국민 계약파는 왕약에 반대하는 입장을 보였다. 때문에 왕
약파는 별도의 군대를 모아야 하는 상황에 직면하게 되었다.30)

잉글랜드 의회의 경우 장로파의 세력이 여전했기 때문에
군대와 대립했다. 군대의 경우 국왕을 재판에 넘겨 일련의

---

26) *ibid.*
27) 임희완, 『영국 혁명과 종교적 급진 사상』, p.109.
28) Gruber, *English revolution*, p.101.
29) 임희완, 『영국 혁명과 종교적 급진 사상』, p.110.
30) Gruber, *English revolution*, pp.103-4.

사건을 종결하기를 희망했다. 반면 의회는 국왕과의 대화를 중지하는 불응 법안을 무효로 하고 찰스 1세와 협상을 하려 했다.[31)

1648년 4월 크롬웰이 의회와 군대를 중재하는 데 실패했다는 소식을 들은 왕당파는 웨일스와 영국의 북부 지역을 중심으로 무장봉기했다. 이른바 2차 내란이 본격화된 것이다. 그해 7월 스코틀랜드 군대가 랭커셔(Lancashire) 방면으로 진격해 왔다. 당시 스코틀랜드는 왕약파와 국민 계약파로 크게 양분되었다. 때문에 계약파를 이끌고 있는 아가일(Duke of Argyle)의 군대는 참전하지 않았다. 해밀턴(Hamilton)이 모집한 약 16,000명의 군대가 2차 내란 때 참전했던 것이다.[32)

당시 잉글랜드 의회는 크롬웰을 파견했다. 그는 왕당파를 진압하고, 1648년 8월 프레스턴(Preston)에서 벌어진 전투에서 스코틀랜드의 군대에 승리를 거두었다. 그것으로 2차 내란은 종결되었다.

여기서 크롬웰의 군대가 승리한 배경에 종교적 신념이 크게 작용했고, 그것이 분명하게 확인되었다는 사실에 주목할 필요가 있다. 크롬웰의 군인들은 그들 스스로를 가나안으로 나아가는 고대 이스라엘 민족으로 여겼다는 것이다. 구약에 나타난 주님의 군대라는 믿음이 전투에서 승리의 원동력으로 작용했던 것이다.[33) 크롬웰 군대의 승리는 또한 하나님의 선

---

31) 임희완, 『영국 혁명과 종교적 급진 사상』, p.111.
32) Gruber, *English revolution*, p.104.
33) *ibid.*, pp.104-5.

택을 확인하는 결과를 가져왔다. 하나님이 국왕의 군대를 격파하기 위해서 크롬웰의 군대를 사용했기 때문에 승리했다는 것이다.

3. 국왕 찰스 1세의 처형

프레스턴 전투의 승리는 잉글랜드와 스코틀랜드 양국에 또 다른 충격을 주었다. 왕약파가 공직에서 물러난 상황에서 1648년 10월 4일 크롬웰의 군대는 에든버러에 입성했다. 그 것은 스코틀랜드에서 이후 약 10년간 잉글랜드의 군사 보호 정치가 시작되었음을 의미했다.

잉글랜드의 경우 국왕 찰스 1세의 처리 문제가 정치적 쟁점으로 자리 잡게 되었다. 당시 상황에서 할 수 있는 것은 대체로 두 가지였다. 국왕을 복위시키거나 아니면 제거하는 것이 바로 그것이다.[34] 의회는 대체로 온건한 방법을 그리고 군대는 국왕 찰스 1세의 처형으로 점차 방향을 잡기 시작했다.[35]

1648년 4월 군대는 윈저(Windsor)의 기도 집회에서 찰스 1세를 다음과 같이 규정했다.[36] '유혈 사태를 즐기는 사

---

34) 이종은, '영국 혁명의 의의 및 크롬웰의 역할', p.160.
35) Morgan, *The Oxford history of Britain*, 영국사연구회(역), 『옥스퍼드 영국사』, pp.377-8.
36) 김중락, '국왕 죽이기: 잉글랜드 찰스 1세의 재판과 반역법', 『영국연구』 제15호 (2006), p.52.

람'(the man of blood)이 바로 그것이다. 이제 국왕은 흘린 피에 대한 책임을 져야하는 존재가 되었다.

당시 군대의 판단이 국왕의 처형과 공화정과 같은 새로운 정치 체제를 염두에 둔 것은 아니었다. 그러나 한 가지 분명한 것은 찰스 1세에 대한 어떠한 결정을 군대가 모색하기 시작했다는 것이다. 그러한 상황에서 의회는 오히려 군을 자극하는 방향으로 전개되었다. 실제로 1648년 9월 의회는 불응 법안을 폐기하고 국왕과 타협하려는 움직임을 보였다.[37]

스코틀랜드의 왕약파가 크롬웰의 군대에 패배함에 따라 장로파의 영향력은 다소 위축될 수밖에 없었다. 그러나 그들은 잉글랜드 의회의 다수파였기 때문에 결코 무시할 수 없는 존재였다. 바로 그러한 상황에서 군부는 장로파의 세력을 약화시키는 조치를 취했다.[38] 이른바 '프라이드의 숙청'(the Pride's purge)이 바로 그것이다.

1648년 12월 6~7일, 프라이드(Thomas Pride) 대령의 지휘로 이루어졌던 프라이드의 숙청은 잉글랜드의 의회에서 장로파를 제거하는 결과를 가져왔다. 숙청의 결과 장로파 의원 약 96명이 제거되고, 나머지 60여 명이 의회에 남게 되었다. 이른바 '잔부 의회'(the Rump parliament)가 구성되었던 것이다.[39]

프라이드의 숙청은 군대가 국왕 찰스 1세를 처형하겠다는 의지를 보여 주는 사건이라 할 수 있다. 그러나 그것이 곧

---

37) Gruber, *English revolution*, p.105.
38) 이종은, '영국 혁명의 의의 및 크롬웰의 역할', p.161.
39) 임희완, 『영국 혁명과 종교적 급진 사상』, p.112.

실행으로 옮겨진 것은 결코 아니다. ① 잔부 의회에서 국왕 찰스 1세를 처형한 뒤 공화정을 수립하자는 의견과 그를 강제로 망명시킨 뒤 왕자 중 한 명에게 왕위를 승계시키자는 견해를 두고 논쟁이 벌어진 것과 ② 찰스 1세의 재판 이전에 새로 생길 정부의 형태를 결정하는 것이 우선이라는 주장 등이 제기된 사례가 그것을 잘 나타낸다.[40]

　1648년 12월 13일 잔부 의회는 국왕 찰스 1세와 협상을 재개하기 위한 결의를 파기했다. 또한 찰스 1세를 재판에 회부했다. 1649년 1월 6일 하원은 단독으로 국왕 재판법을 통과시켰다.[41] 또한 법정도 조직했다. 그 결과 1649년 1월 20~27일 찰스 1세의 재판이 열리게 되었다.

　잉글랜드의 역사에 있어서 국왕을 폐위한 경우는 있었다. 에드워드 2세(Edward Ⅱ), 리처드 2세(Richard Ⅱ), 헨리 6세(Henry Ⅵ) 그리고 리처드 3세(Richard Ⅲ)의 경우가 바로 그것이다. 그러나 1649년의 경우는 이전과 달랐다. 그것의 명분이나 결과가 가히 혁명적이라 하여도 좋을 것 같다. ① 법의 명칭에서도 알 수 있듯이 여전히 지위를 유지하고 있는 국왕을 반역죄를 명분으로 재판에 회부했으며 ② 그 결과 찰스 1세의 폐위·처형으로 군주정에서 공화정이라는 잉글랜드 역사상 초유의 결과를 가져왔기 때문이다.[42]

---

40) 김중락, ‘국왕 죽이기: 잉글랜드 찰스 1세의 재판과 반역법’, p.52.
41) 당시 통과된 법의 명칭은 ‘Act of the Commons of England assembled in Parliament, for erecting of high court of justice for trying and judging of Charles Stuart, King of England’였다.
42) 김중락, ‘국왕 죽이기: 잉글랜드 찰스 1세의 재판과 반역법’, pp.53-5.

1649년의 재판은 국왕이 하나의 관리라는 인식을 전제로 했다. 인민에게 있는 주권을 침해하는 전쟁을 찰스 1세가 야기했고, 그것이 바로 반역에 해당된다는 것이다. '인민이 모든 권력의 원천이며, 인민에 의해 선출되어 인민을 대표하는 영국의 하원이 이 나라의 최고 권력'이라는 잔부 의회의 1649년 1월 4일 결의가 그것을 잘 나타낸다.[43]

찰스 1세를 국왕의 지위를 유지한 상태로 재판에 회부하고 처형하는 과정에 자연, 많은 논란이 야기되었다.[44] 17세기 중반까지의 경우 반역은 국왕과 그 가족 그리고 국왕의 업무를 수행하는 관리의 신체적 상해와 국왕 대권에 대한 도전이라는 데는 별다른 의문이 없었다. 그러나 국왕을 반역죄로 재판한 것은 선례가 없는 일이었다. ① 국왕은 하나님의 법정에만 책임을 지며 ② 잉글랜드의 법은 어떠한 경우에도 신하에게 그의 주권자인 국왕의 생명에 대해 사법적인 권한을 부여한 적이 없다는 가우든(John Gauden)의 1649년 1월의 언급이 찰스 1세의 재판 회부에 대한 반감을 잘 나타낸다.[45]

그렇다면 국왕의 재판·처형은 어떠한 배경에서 진행되었을까? 그것은 대체로 다음의 두 가지로 나누어 볼 수 있다. ① 고전적 공화주의론과 ② 입헌 군주론이 바로 그것이다.[46]

고전적 공화주의는 왕권을 공익을 위해 사용해야 하는 하나의 직책으로 간주한다. 그러나 국왕의 덕행은 결코 담보할

---

43) *ibid.*, p.54.
44) Davies, *The early Stuarts*, p.157.
45) 김중락, '국왕 죽이기: 잉글랜드 찰스 1세의 재판과 반역법', p.53.
46) *ibid.*, p.55.

수 없는 경우가 있을 수 있다. 때문에 고전적 공화주의론자들은 군주제의 폐지와 시민의 정치 참여를 옹호한다.

물론 1649년 국왕 찰스 1세의 처형 당시의 잉글랜드에서 고전적 공화주의론이 널리 수용되었다는 직접적인 증거를 확인하는 데는 제한이 있다. 그러나 국왕의 재판·처형에 관여한 인물들의 정치적·사상적 배경이 된 것은 분명한 사실이다.[47] 장기 의회의 의원이었던 마텐(Henry Marten)이나 찰로너(Thomas Challoner) 등이 고전적 공화주의자였다는 사실이 그것을 잘 나타낸다.[48]

군주제의 폐지와 시민의 정치 참여를 골자로 하는 고전적 공화주의론은 입헌 군주론과 결합되어 찰스 1세의 재판·처형을 이론적으로 뒷받침하게 되었다. 스코틀랜드의 국민 계약파에도 영향을 미친 그것은[49] '군주의 권력은 2차적이며 파생된 것이며, 권력의 원천과 기원은 인민'이라는 인식에 바탕을 두었다. 1648년 9월 수평파가 하원에 제출한 '겸손한 청원'에서 ① 하원은 인민에 의해 선택되고, 인민을 대표하는 최고 권력, 인민의 불만을 해소하고, 안전을 보장하기 위해 절대적 권력을 위임받은 기관이며 ② 국왕은 왕국의 공적인 최고 관리이며 잘못에 대해서는 하원에 책임을 져야 하는 존재로 규정한 사실이 그것을 잘 나타낸다.[50]

바로 그러한 이론이 찰스 1세의 재판을 뒷받침했다. 1649

---

47) *ibid.*, p.56.
48) *ibid.*, p.58.
49) p.42. 각주 5), 6) 참조.
50) 김중락, '국왕 죽이기: 잉글랜드 찰스 1세의 재판과 반역법', pp.58-9.

년 1월 20일 국왕이 출석한 재판에서 낭독된 공소장을 문학
가인 모로아는 다음과 같이 요약·정리했다.

> 잉글랜드 국왕 찰스 스튜어트는 왕국의 법률에 의거하여 법
> 률을 따라 통치하는 제한된 권력을 지니고 있음에도 불구하고
> 그는 자신의 의사에 따라 통치하려는 무제한적인 전제 정치를
> 수립하기 위해서 현 의회와 의회가 대표하는 국민에 대하여 전
> 쟁을 도발했다. 전쟁으로 발생한 모든 생명과 재산의 손실에
> 대하여 전적으로 책임을 져야 한다.[51]

국왕을 반역자라는 공소장의 내용에 대해 찰스 1세는 고
등 법정의 법적 권한 그 자체에 의문을 제기했다. 그에 관한
규명 없이 국왕이 변호를 한다는 것은 하나님에 의해 그리
고 전통적이며 합법적인 계승으로 맡겨진 위임에 대한 위반
이라는 것이다.[52] 다시 말하면 어떠한 법정도 하나님으로부
터 기름부음을 받은 왕을 재판할 수 없다는 것이다.

고등 법정의 사법권에 관한 논쟁은 1월 20일 이후 3일간 뜨
겁게 진행되었다. 그러나 당시 법정은 찰스 1세에게 사형을 선
고했다. 크롬웰과 군대에 의해 재판이 통제되고 있었기 때문이
다. 재판 직전 "우리는 왕관을 쓰고 있는 채로 왕의 머리를 자
를 것이다"라는 크롬웰의 언급이 당시 상황을 잘 보여 준다.[53]

---

51) Andre Maurois, *Histoire d'angleterre*(Paris: Artheme Fayard, 1937),
    신용석(옮김), 『영국사』 (서울: 홍성사, 1981), p.328.
52) Gruber, *English revolution*, p.109.
53) *ibid.*, p.114. 김중락, '국왕 죽이기: 잉글랜드 찰스 1세의 재판과
    반역법', p.72.

1649년 1월 30일 국왕 찰스 1세의 사형이 집행되었다. 그의 처형은 잉글랜드는 물론 유럽의 여타 국가에도 많은 영향을 미쳤다. 단기적으로는 그것은 군주정이 더 이상 신성한 제도가 아니며 국왕은 그의 행동에 대해 책임을 져야 한다는 원칙을 확인했다. ① 1649년 3월 19일 하원이 잉글랜드를 '공화국과 자유국'(a commonwealth and free state)이라 선언한 것과 ② 그해 5월 19일 통과된 법이 잉글랜드는 인민의 이익을 위해 그들이 임명하는 관리와 성직자에 의해 통치된다고 규정한 사실 등이 그것을 잘 나타낸다.54)

국왕의 처형은 장기적으로 이후 유럽의 정치 혁명에서 하나의 유형으로 작용했다. 찰스 1세의 운명은 루이 16세(Louis ⅩⅥ)의 죽음과 같은 일련의 사건 등에 선례로 자리잡았다. 아메리카 식민지에서 일어난 독립 혁명에도 상당한 영향을 미쳤다고 볼 수 있다.55)

4. 군사적 통합과 공화정

국왕 찰스 1세의 처형으로 청교도 혁명은 일단락된 듯했다. 그러나 그것으로 영국의 정치적 소요가 해결된 것은 결

---

54) ibid., pp.74-5.
55) G.E. Aylmer, *A short history of seventeenth-century England* (New York, 1963), 임희완(옮김), 『청교도 혁명에서 명예혁명까지』(서울: 三文, 1986), p.155.

코 아니다. 심지어 '화이트홀'(Whitehall)에서 군중들 앞에서
어연하게 처형되는 국왕 찰스의 모습은 오히려 그를 순교자
로 여겨지게 했다. 잉글랜드의 국교회를 수호하려는 그를 과
격한 청교도들이 사법적으로 살해했다는 것이다.56)

국왕의 처형 후에도 사회는 여전히 불안하였다. 왕당파는
지하에 남아 팸플릿 등을 배포하며 세력을 유지하고 있었고
크롬웰이 이끄는 독립파와 장로파의 갈등도 심각했다.57) 그
러나 점차 권력은 크롬웰이 장악하기 시작했다. 1649년 2월
17일 하원은 국무 회의(the council of state)를 설치했으며,
의장으로 그를 임명했다. 이제 크롬웰은 군 통수권자임과 동
시에 행정부의 수반이 된 셈이다.58)

찰스 1세가 처형된 1649년부터 '왕정복고'(the Restoration)
가 이루어지는 1660년까지 잉글랜드에는 왕이 없었던 이른바
'공위 시대'(Interregnum)가 계속되었다. 그 시기는 1653년을
기점으로 대체로 두 가지로 나누어 볼 수 있다. ① 공화국 시대
(the Commonwealth)와 ② 호국경 시대(the Protectorate)가 바
로 그것이다.

1649~1653년에 잉글랜드를 통치한 원동력은 이른바 '잔

---

56) 국왕 찰스 1세는 마지막 순간에 생애 최초의 그리고 최후의 논리
   정연한 연설과 더불어 훌륭한 위엄을 보여 준 덕분에 순교자로서의
   영예를 거머쥐게 되었다. 찰스 1세의 처형을 주제로 한 『국왕의 초
   상』 (Eikon Basilike)은 국민들에게 그를 순교자로 인식하게 했다.
   Morgan, The Oxford history of Britain, 영국사연구회(역), 『옥스퍼
   드 영국사』, p.378.
57) 박지향, 『영국사: 보수와 개혁의 드라마』 (서울: 까치, 1997), p.322.
58) 임희완, 『영국 혁명과 종교적 급진 사상』, p.115.

부 의회'였다. 당시 잉글랜드 의회는 약 60명의 의원으로 구
성되었다. 이는 1642～1648년에 300명 이상의 의원이 있었
다는 것과 대조를 이룬다. 잔부 의회는 프라이드의 숙청과
국왕 처형을 용인했을 뿐만 아니라 입법·행정에 관한 모든
권한을 지니고 있었다.[59]

　잔부 의회 시기에 일어난 일련의 사건 가운데 특기할 만
한 것은 아일랜드와 스코틀랜드에서 행해진 군사적 정복이라
할 수 있다. 당시 아일랜드는 수년 동안 가톨릭교도들이 국
정을 좌우하면서 신교도들을 학살했다. 바로 그러한 상황에
서 처형된 찰스 1세의 아들, 즉 찰스 2세를 중심으로 왕당
파와 가톨릭교도를 중심으로 아일랜드에서 잉글랜드의 신교
도를 축출하는 일이 행해졌다.[60]

　1649년 8월 크롬웰은 군대를 이끌고 아일랜드로 진격했다.
그는 학살을 학살로 보복했다. '드로이더'(Drogheda)와 '웩스
퍼드'(Wexford)의 민간인을 학살하는 일도 있었다.[61] 또한 크
롬웰은 신교도 병사들을 아일랜드 동부 지방에 정착시켰다. 그
는 얼스터(Ulster) 남부의 땅 약 1 / 3을 몰수하여 잉글랜드의
신교도에게 분배했다.[62]

　물론, 크롬웰의 강경책은 많은 비판을 받았다. 그러나 한
가지 분명한 것은 그와 같은 행위가 그의 신앙관에 상당 부
분 바탕을 두었다는 것이다. 크롬웰에게 있어서 아일랜드의

---

59) 이종은, '영국 혁명의 의의 및 크롬웰의 역할', p.162.
60) 임희완, 『영국 혁명과 종교적 급진 사상』, p.115.
61) Gruber, *English revolution*, pp.115-6.
62) 임희완, 『영국 혁명과 종교적 급진 사상』, p.115.

가톨릭교도는 잉글랜드의 생활양식을 위협하는 존재였다. 바로 그 점에서 그의 군사적 정복은 구약에 기록되어 있는 이교도에 대한 전쟁 방법의 철저한 적용으로 이해되기도 한다.[63]

한편 국왕 찰스 1세의 처형은 스코틀랜드에 충격을 주었다. 찰스 2세를 국왕으로 옹립하려는 움직임이 스코틀랜드에서 나타났다.[64] 그것의 현실화는 찰스 1세의 처형 이후 약 20개월이 소요되었다. 무엇보다도 당시 찰스 2세가 네덜란드에 망명한 상태가 현실적인 문제로 작용했다.[65]

1650년 8월 찰스 2세는 국민 계약에 서명했다.[66] 잉글랜드와 스코틀랜드와의 전쟁을 피하는 것은 거의 불가능한 상황이 되었다. 바로 그러한 상황에서 크롬웰은 예방 전쟁을 준비했다. 그는 스코틀랜드군을 잉글랜드로 유인한 뒤 결정적인 승리를 쟁취했다. 1650년 9월 우스터(Worcester)의 전투가 바로 그것이다.[67] 패전한 찰스 2세는 다시 유럽 대륙으로 망명할 수밖에 없었다.

1651년 11월 크롬웰의 공화정은 잉글랜드와 스코틀랜드가 하나의 공화국으로 통합된다고 선언했다.[68] 17세기 초의 왕

---

63) Aylmer, *A short history of seventeenth-century England*, 임희완 (옮김), 『청교도 혁명에서 명예혁명까지』, p.157.
64) 김현수(역), 『왕실 스코틀랜드 영국사』 (서울: 대한교과서, 1993), p.129.
65) 홍치모, 『스코틀랜드 종교 개혁과 영국 혁명, 1560~1660』 (서울: 총신대학출판부, 1991), p.213.
66) *ibid.*, p.214.
67) 김현수(역), 『왕실 스코틀랜드 영국사』, p.133.
68) 홍치모, 『스코틀랜드 종교 개혁과 영국 혁명』, p.213.

실 통합이 군사적 통합으로 바뀐 것이다. 실제로 잉글랜드 의회는 스코틀랜드의 행정을 위해 8명의 위원을 임명했는데 그중 5명이 군인이었다.[69]

크롬웰의 스코틀랜드 통치는 다음과 같은 명분에서 진행되었다. 가난한 민중을 해방하는 것이 바로 그것이다. 다시 말하면 잉글랜드를 침입한 주도 세력이었던 스코틀랜드의 귀족을 와해시키고 그들의 지배에서 신음하고 있던 민중을 해방시킨다는 것이다.[70]

그러나 크롬웰의 군사적 정복에 의한 잉글랜드와 스코틀랜드의 결합, 즉 영국은 결코 순탄하지 않았다. 종교적인 측면은 더욱 그러했다. 종교적 관용을 추구한 크롬웰의 정책이 스코틀랜드에 적용될 경우 심각한 문제가 야기될 수 있기 때문이다. 장로교를 수호하자는 그들에게 그것이 용납될 수 없었고, 그것이 양국의 갈등을 고조시켰던 것이다.[71]

잉글랜드의 경우 내부적으로 많은 문제가 나타났다. 의회와 군대의 원만하지 못한 관계가 그 주된 이유였다. 군대는 의회가 군인의 수를 줄여 그 영향력을 억제하기를 시도한다고 믿었고, 의회는 혹 있을 군대의 군사 행동을 우려했던 것이다.

---

69) *ibid.*, p.215.
70) 1602년 무렵 당대인이 남긴 다음과 같은 언급이 그것을 잘 나타낸다. "옛날에 정의는 대귀족 이외에는 관대하지 않았지만 지금은 모든 사람들에게 평등이 충만해 있다. 사람들이 얼마 안 가서 어떠한 예속 상태로부터 그들이 자유롭게 되었는가를 깨닫게 될 것이다"가 바로 그것이다. C.S. Terry, *The Cromwellian union* (Edinburgh: Scottish history society, 1902), p.23 홍치모, 『스코틀랜드 종교 개혁과 영국 혁명』, p.157에서 재인용.
71) *ibid.*, p.222.

바로 그러한 상황에서 크롬웰은 1653년 4월 20일 잔부 의회를 해산하는 조치를 취했다. 그것의 명분은 의회가 기존 의원은 그대로 둔 상태에서 부분적인 선거를 실시할 것을 계획한 데서 비롯했다. 그러나 크롬웰은 그 이전부터 잔부 의회를 해산하려 했다. 그는 아일랜드와 스코틀랜드에서 거둔 승리를 하나님의 가호로 여겼다. 때문에 그는 잔부 의회가 다루지 못한 종교 문제를 보다 적극적으로 다루고자 했다. 그것이 바로 '성자 의회'(Parliament of Saints, 1653년)의 출범이었다.[72]

군대는 1653년에 의회를 강압적으로 해산시켰다. 크롬웰은 자유로운 선거가 이루어질 경우 자신의 목적을 달성할 수 없을 것을 염려하여 성자 의회를 탄생시켰던 것이다. 일종의 제헌 의회라 할 수 있는 그것은 하나님의 말씀을 충실히 지켜온 140명의 인물로 구성되었다. 성자 의회는 성직자이자 피혁 상인인 프레이즈-간(Praise-God Baron)이 주축이 되었기 때문에 베어본즈 의회(Barebones parliament)라 불린다.[73]

크롬웰이 성립한 의회는 특별한 성과를 거두지 못했다. 구성원의 종교적 열성에 비해 전문성이 결여되었기 때문이다. 그 결과 성자 의회는 그들의 권한은 크롬웰에게 넘겨주기로 결정했다. 즉 국가의 통치를 군인에게 넘긴 것이다.[74]

크롬웰은 1653년 12월부터 1658년 9월까지 이른바 '호국경'(Lord Protector of the Commonwealth of England,

---

72) 이종은, '영국 혁명의 의의 및 크롬웰의 역할', p.162.
73) Morgan, *The Oxford history of Britain*, 영국사연구회(역), 『옥스퍼드 영국사』, pp.380-1.
74) *ibid.*, p.381.

Scotland and Ireland)으로 국가를 통치했다.[75] 호국경은 명칭에서 알 수 있듯이 잉글랜드, 스코틀랜드 그리고 아일랜드 공화국을 통치하는 권력을 지닐 수 있었다. 1603년의 복합 왕국이 크롬웰의 군사적 통합체인 영국으로 바뀐 것이다.

크롬웰은 왕은 아니지만 왕과 마찬가지의 권력을 누렸다. 그것의 배경은 군사 위원회가 공포한 1653~1657년의 『통치 헌장』(the Instrument of Government)이었다. 군 장교들에 의해 만들어진 그것은 21명으로 구성된 협력 회의와 460명으로 구성된 의회와 함께 30,000명의 상비군을 통솔하는 호국경 제도를 골자로 했다.[76]

『통치 헌장』으로 구성된 의회는 상당한 권력을 가질 수 있었다. 의회가 가결한 모든 법안은 법률이 되었으며, 호국경이 그것을 거부해도 공화국의 원칙에 위배되지 않을 경우 합법적인 것이 되었다. 그러나 의회는 곧 어려움에 봉착했다. 그들은 군대의 지배권, 재정 지출 그리고 종교의 자유 등과 같은 문제로 호국경과 마찰을 야기했다. 그 결과 의회는 1655년 1월 해산되었다.[77]

1655년 왕당파의 반란이 일어나자 그는 잉글랜드를 11개의 군사 지역으로 구분했다. 해당 지역은 파견된 장군들이 통치했다. 이른바 '소장'(Major General)은 각 지역의 보안은 물론 모든 정부 활동을 간섭했다. 또한 도덕 재무장적 성

---

75) 이종은, '영국 혁명의 의의 및 크롬웰의 역할', p.162.
76) 임희완, 『영국 혁명과 종교적 급진 사상』, p.117.
77) Gruber, *English revolution*, pp.124-5.

격을 지닌 '생활 개혁 운동'을 주도했다. 크롬웰은 모든 놀이, 연극, 도박, 술집들을 금지시켰다. 교회의 성상이나 채색 유리창 등이 이때 많이 파괴되었다.[78] 그러나 그의 통치는 인기가 없었다. 도적 재무장 운동이나 세금 징수 등이 당시 잉글랜드인들에게 상당한 거부감을 주었기 때문이다.

---

78) Morgan, *The Oxford history of Britain*, 영국사연구회(역), 『옥스퍼드 영국사』, pp.381.

Ⅴ. 왕정복고에서 명예혁명으로

1. 호국경 체제의 붕괴

크롬웰의 통치는 다분히 강압적이었다. 그것은 대체로 다음과 같은 인식에 바탕을 두었다. 자신이 이스라엘 사람들을 약속된 땅으로 이끌어 간 모세와 같다는 것이 바로 그것이다.[1] 크롬웰은 당시 잉글랜드인들을 스튜어트 왕조에 억류된 이스라엘 민족으로 간주했다. 또한 국왕의 처형은 그에게는 홍해를 건너는 일이었으며, 자신의 군대가 거둔 승리는 바로 이스라엘 민족을 이끄는 불기둥이었다.[2]

이스라엘 민족이 이집트에서 가나안으로 이동하는 과정에 불평을 늘어놓고, 하나님을 잊는 모습은 『구약』에서 쉽게 확인할 수 있다. 크롬웰에게 있어서 당시 잉글랜드인도 마찬가지였다. 왕당파의 반란이 있을 때 군대를 제외하고는 대부분 못 본 체했다. 바로 그 점이 크롬웰이 강압적인 정책을 추구

---

1) 이종은, '영국 혁명의 의의 및 크롬웰의 역할', p.162.
2) Morgan, *The Oxford history of Britain*, 영국사연구회(역), 『옥스퍼드 영국사』, p.382.

하게 된 배경이었던 것이다.3)

크롬웰은 이스라엘 민족처럼 불순종하는 잉글랜드인을 약속의 땅으로 이끌 책임감을 느끼고 있었다. 그는 현상의 유지보다 더 많은 것을 원했다. 크롬웰은 잉글랜드인이 헌신과 하나님의 사업에 보다 더 적극적이기를 기대했다. 그에게는 정통적인 칼뱅주의자의 모습이 보인다. ① 선택받은 자는 모든 사람들에게 하나님을 사랑하고 떠받들게 할 의무가 있으며 ② 하나님의 섭리가 하나님의 백성을 인도한다고 믿었기 때문이다.4)

그러나 크롬웰을 정통 칼뱅주의자로 규정하는 데는 다소 한계가 있다. 그는 장로교만을 고집하지 않았다. 크롬웰은 선택받는 자는 여러 교회에 있다고 믿었다. 관용적인 종교정책도 바로 그와 같은 배경에서 비롯했던 것이다. 신앙의 자유(toleration)가 하나님의 말씀과 진리가 하나 됨을 되살리는 하나의 수단이 되기 때문이다.5)

이처럼 크롬웰은 다양한 평가를 가능하게 하는 인물이다. 그는 국왕 찰스 1세의 처형을 통해 과거의 정치적 권위를 단절시켰다. 그러면서도 크롬웰은 신앙의 자유와 더불어 사회적 보수주의를 추구했다. 사회의 계서제는 당연하고 좋은 것이라

---

3) 물론 크롬웰의 정책이 시종 강압적인 것만은 아니었다. 지방 행정관이나 의회와 권력을 나누려고 시도했다. 일종의 '치유와 화합'(healing and settling)의 정책으로 영국인을 이끌려고 했던 것이다. *ibid.*

4) 이종은, '영국 혁명의 의의 및 크롬웰의 역할', p.163.

5) Morgan, *The Oxford history of Britain*, 영국사연구회(역), 『옥스퍼드 영국사』, p.382.

는 것이다. 또한 그는 시민과 의회에 대해서 독단적인 태도를 보였다. 선거권을 가진 사람들이 자유롭게 투표하도록 방치할 경우 국왕이 복위할 것이라고 생각했기 때문이다.[6]

1657년 의회는 국가를 안정시키는 방법으로 크롬웰이 왕위에 오르는 것을 권했다. 의회는 그가 국왕이 될 경우 크롬웰의 권력을 제한하고, 여러 선례와 더불어 법의 지배에 얽맬 수 있다고 생각했다.[7] 그러나 크롬웰은 이 제의를 거부했다. 그 이유는 대체로 다음의 두 가지로 나누어 볼 수 있다. 현실적인 측면과 신앙적인 측면이 바로 그것이다. 현실적으로 법에 속박된 국왕의 지위가 크롬웰 자신이 해야 할 일을 방해할 수 있을 뿐만 아니라 군대가 왕정의 부활을 용납하지 않을 것 같았기 때문이다. 또한 신앙적으로는 하나님의 섭리에 의해 없어진 국왕의 자리를 되살리라는 하나님의 명령이 없었다는 것이 그 이유였다.[8]

호국경 정치는 군주제를 대신하는 것으로 여겨질 수 있다. 당시 잉글랜드의 의회가 크롬웰에게 국왕으로 즉위할 것을 제의한 사실이 그것을 잘 나타낸다. 그러나 그의 정치는 인기가 없었다. 도덕 재무장 운동이나 세금 징수에 관해 당시 잉글랜드인들은 상당한 거부감을 지니고 있었다. 그것이 일종의 폭군 정치로 간주되었기 때문이다.

---

6) *ibid.*, pp.382-3.
7) 이종은, '영국 혁명의 의의 및 크롬웰의 역할', p.163.
8) Morgan, *The Oxford history of Britain*, 영국사연구회(역), 『옥스퍼드 영국사』, p.383.

2. 왕정복고

1658년 크롬웰은 사망했다. 그의 죽음은 호국경 시대의 종말을 의미했다. 아들(Richard Cromwell)이 뒤를 이었지만, 재간이 없는 인물이었다. 또한 크롬웰이 죽자 군대 지휘관들의 갈등이 심화됨과 더불어 지난 20년간에 걸친 대혼란에 식상한 대중의 여론도 비등하였다.

그러한 상황에서 1660년 2월 군사령관이었던 몽크(General Monk)는 스코틀랜드에서 군대를 이끌고 런던으로 입성했다. 그는 정치적 야심이 없었다. 몽크는 망명 중인 찰스 1세의 아들을 국왕으로 추대하고자 했다. 찰스 2세도 그러한 분위기에 맞춰 '브레다'(Breda) 선언을 발표했다. 그것은 자신이 왕위에 복귀한 뒤, 일반 사면, 종교의 자유, 토지 분쟁의 공정한 해결, 군대의 체불 임금 청산 그리고 의회에서 구체적인 관련 조항의 자유로운 결정 등을 골자로 했다.[9]

안정의 회복을 추구한 몽크는 내전 이전의 형식대로 의원 선거를 주도했다. 그 결과 1660년 봄, 자유선거에 의해 의회가 소집되었다. '컨벤션 의회'(Parliament of Convention)가 바로 그것이다. 왕당파가 다수를 차지한 왕당파는 브레다 선언의 수락을 찬성했다. 그 결과 왕정복고(restoration)가 결정되었다. 이제 프랑스에 망명 가 있던 찰스 1세의 아들 찰스 2세가 런던에 입성함으로써 모든 내란은 마침표를 찍게 되

---

9) Gruber, *English revolution*, pp.129-30.

었다.10)

1660년 5월 29일 찰스 2세는 열렬한 환영을 받으며 런던 으로 입성했다.11) 그 모습을 당대인 에블린(John Evelyn)은 다음과 같이 묘사했다.

> 오늘은 국왕 찰스 2세께서 17년의 슬프고 기나긴 유배 생활 동안 국왕과 교회가 참혹한 고통을 당하고 난 뒤 런던으로 오 신 날이다. 또한 그의 생일날이기도 하다. 20,000명의 기병과 보병으로 구성된 승리군은 칼을 휘두르며 억제할 수 없는 기쁨 을 터뜨렸다. ……그것은 주님의 은총이었으며 경이적인 것이었 다. 그러한 왕정복고는 '바빌론 유수'(Babylonian captivity)로부 터 귀국한 이래 전대미문(前代未聞)의 사건이었다.12)

국왕 찰스 2세는 브레다 선언을 준수했다. 내전 이전에 스 튜어트 왕조를 반대했던 사람들을 사면했다. 그러나 찰스 1세 의 처형에 찬성한 사람들 중 살아 있는 26명은 처형했다.13)

국왕 찰스 2세는 천성이 우유부단하고 게을렀다는 평가를 받았다. 뿐만 아니라 도덕적으로 많은 문제가 있었다. 네덜란 드에 있을 때 그와 월터즈(Lucy Walters) 사이에 아들이 태 어났다. 실제로 찰스 2세는 수많은 정부와 18명의 서자를 두 었다. 그러나 당시 잉글랜드는 도덕적으로 느슨한 국왕 찰스

---

10) *ibid.*, p.130.
11) Davis, *The early Stuarts*, p.259.
12) John Evelyn, *The diary of John Evelyn*, selected and edited by John Bowle (Oxford: Oxford Unviersity Press, 1985(1983)), p.182.
13) 박지향, 『영국사: 보수와 개혁의 드라마』, p.325.

2세를 오히려 환영하는 분위기였다.

그러나 시간이 흐를수록 상황은 찰스 2세에게 불리했다. 왕정복고 시기 잉글랜드는 대외 전쟁, 특히 네덜란드와의 갈등이 격화되었다. 그것의 원인은 크롬웰이 1650∼1651년에 제정한 항해법(Navigation Act)이었다. 잉글랜드와 교역 대상이 되는 모든 상품은 잉글랜드의 선박을 이용해야 한다는 그것의 규정은 경쟁국인 네덜란드에 타격을 주었다.

1665년 영국과 네덜란드 사이에 전쟁이 발발했다. 이 전쟁에서 네덜란드의 군함이 메드웨이(Medway) 강까지 진격해 왔다. 그 결과 잉글랜드의 선박이 불타고 인근 지역이 유린되었다. 또한 1666년에는 런던에 원인 모를 대화재가 발생했다.[14]

네덜란드 군함의 침입, 대화재 그리고 14세기 이래 가장 심각한 전염병의 창궐 등은 다시 깨어난 땅을 하나님이 축복하시리라는 1660∼1661년의 자신감을 앗아갔다. 그 결과 잉글랜드인들 가운데 크롬웰의 통치에 향수를 느끼는 움직임이 나타났다.[15] 페피스(Samuel Pepys)의 1667년 6월의 일기가 그것을 잘 보여 준다.

오늘날 모든 사람들이 그를 얼마나 생각하고 추념(追念)하는가? ……반면 기꺼이 봉사하고 충성할 표시를 한 국민들로부터 사랑과 기도와 애호를 받으며 돌아온 지금의 군주는 이제 모든

---

14) Morgan, *The Oxford history of Britain*, 영국사연구회(역), 『옥스퍼드 영국사』, p.388.
15) Andre Maurois, *Histoire d'angleterre*, 신용석(옮김), 『영국사』, p.349.

것을 상실했다.16)

3. 국왕과 의회의 종교적 갈등

국왕 찰스 2세의 왕정복고는 외견상 잉글랜드가 경험한 지난 약 20년 시간을 다분히 낭비로 여겨지게 했다. 그러나 크롬웰이 남겨둔 유산은 상당 부분 건재했다. 의회의 권한은 확대되었으며, 국왕 대권은 상당 부분 약화되었다. 튜더 시대 이후 자문 회의가 열리던 방의 천정에 별 모양이 새겨져 있다는 데서 유래한 성실청(Star Chamber)과 같은 국왕의 특별 법정도 사라졌다. 국왕 재판소도 국왕의 주장도 의회의 동의 없이는 과세권을 행사할 수 없었다.17)

그러나 국왕 찰스 2세의 종교 정책은 내전 이전과 상이했다. 이른바 '비국교도'(non-conformist)의 존재가 인정된 것이 바로 그것이다. 먼저 1661년에 이른바 '협동법'(Corporation)이 제정되었다. 그것은 국교회에 속하지 않거나, 국왕에게 저항하지 않겠다는 맹세를 거절하는 자들을 모두 관직에서 추방하는 것을 골자로 하는 것이다.18)

비국교도에 대한 구별 정책은 이후에도 계속되었다. 1662

---

16) Peter Gay and R.K. Webb, *Modern Europe to 1815* (London: Harper and Row, 1973), 朴武成(譯), 『西洋近世史』 (서울: 法文社, 1983) p.346에서 재인용.

17) 이종은, '영국 혁명의 의의 및 크롬웰의 역할', p.164.

18) Gruber, *English revolution*, p.132.

년에는 '획일법'(Act of Uniformity)이 제정되었다. 이제 모든 성직자들은 국교회의 기도서와 교리가 명시된 39개 조항을 채택해야 했다. 이때 채택된 기도서는 20세기 후반까지 사용되었는데, 전체 성직자 9,000명 중 약 2,000명이 그것을 거부했다. 바로 그들이 비국교회의 기초를 이루었다.[19]

1664년에는 5명 이상의 비국교도들이 종교 집회를 하지 못하게 하는 '비밀 집회법'(Conventicle Act)이 제정되었다. 또한 1665년에는 '5마일 법'(Five Mile Act)으로 획일법에 서약하지 않은 성직자의 해당 지역 5마일 이내에 출입하는 것을 금지하는 조치가 행해졌다.[20]

일명 '클라렌든 법'(Clarendon Code)이라 불린 그러한 법은 국교회를 강화하려는 목적과 다른 결과를 가져왔다. 비국교도를 인정한 것이 바로 그것이다. 그러나 그들은 심각한 불이익을 감수해야 했다. 공민권이 박탈되었기 때문이다.[21]

비국교회의 인정은 또 다른 문제로 이어졌다. 국왕 찰스 2세의 친가톨릭 정책이 바로 그것이다. 당시 국왕의 어머니, 아내 그리고 동생은 가톨릭교도였다. 국왕 찰스 2세는 가톨릭이 강성한 지역이 왕정도 굳건하다고 믿었다.[22] 바로 그러한 상황에서 비록 차별적이지만 비국교회의 인정은 친가톨릭 정책으로 이어질 수 있었다. 국교회 이외의 종파에게도 관용

---

19) 박지향, 『영국사: 보수와 개혁의 드라마』, p.325.
20) Gruber, *English revolution*, p.132.
21) 박지향, 『영국사: 보수와 개혁의 드라마』, pp.325-6.
22) Morgan, *The Oxford history of Britain*, 영국사연구회(역), 『옥스퍼드 영국사』, p.387.

을 베풀자는 것이 그 명분이 될 수 있었기 때문이다.

내란 이전의 청교도들은 국왕의 위협으로부터 보호받기 위해 의회에 의존했다. 그러나 국왕 찰스 2세의 경우는 달랐다. 비국교들이 의회의 위협에서 안전을 담보하기 위해 오히려 국왕에게 의존하기 시작했기 때문이다.[23] 바로 그 상황을 국왕 찰스 2세는 비국교도와 가톨릭을 포용하는 정책을 추구할 기회로 이용했던 것이다.

국왕 찰스 2세는 프랑스의 루이 14세를 존경했다. 1670년 그는 루이 14세와 비밀 조약을 맺었다. 적절한 시기에 자신은 물론 잉글랜드를 가톨릭으로 개종하는 것이 그것의 중요한 내용이었다.[24] 그 약속은 2년 뒤 가시화되는 모습을 보였다. 비국교도와 가톨릭교도를 억압하는 종교상의 모든 억압을 중지하는 1672년의 '신교 자유령'(信敎自由令, Declaration of Indulgence)이 바로 그것이다.[25]

그러나 신교 자유령은 곧 철회될 수밖에 없었다. 1673년 찰스 2세와 루이 14세가 맺은 조약이 폭로되면서 분위기가 달라졌기 때문이다. 국왕이 프랑스와 체결한 도버 밀약은 당시 잉글랜드의 경쟁국이었던 네덜란드를 견제하기 위함이었다. 그러한 상황에서 의회는 다른 접근 방안을 추구했다.[26]

---

23) Gerald R. Cragg, *The church and the age of reason, 1648~1789* (Harmondsworth: Penguin, 1960), 송인설(옮김), 『근현대교회사』 (서울: 크리스천 다이제스트, 1999), p.56.
24) *ibid.*
25) 박지향, 『영국사: 보수와 개혁의 드라마』, p.326.
26) 임희완, 『영국 혁명과 종교적 급진 사상』, p.119.

의회는 재정을 지원하는 대신 국왕 찰스 2세에게 신교 자유
령을 철회하게 했다.

의회의 대처는 국교회를 더욱 강화하는 방향으로 나아갔다.
정부 관직과 군대 지휘관에 국교도만이 취임할 수 있는 '심사
법'(Test Act)을 1673년에 통과시켰다. 잉글랜드 국교회가 규
정한 절차에 따른 성찬을 받은 자들만이 관직과 군직을 가질
수 있다는 것이다.[27]

심사법의 통과로 국왕 찰스 2세의 동생인 요크 공작(Duke
York)은 해군 총사령관직에서 사임했다.[28] 그러나 그것이 의
회의 승리를 의미하는 것은 결코 아니다. 또 다른 새로운 문
제가 야기되었다. 심사법에 반발한 요크 공작이 오히려 찰스
2세의 왕위를 계승할 가능성이 제기되었기 때문이다.

국왕 찰스 2세는 여자 문제가 복잡했다. 그러나 그는 자신
의 행위에 별다른 문제의식을 가지지 못했다. 실제로 국왕
찰스 2세는 자신의 정부(情婦)에게 쾌락을 조금 즐긴다고 해
서 하나님이 인간을 벌주실 것이라고는 생각할 수 없다고
했다.[29] 그러나 문제는 그에게 적자가 없다는 데 있었다. 18
명의 서자가 있을 뿐이었다. 때문에 국왕 찰스 2세의 1순위
후계자는 요크 공작이 될 수밖에 없었다.

요크 공작, 즉 찰스 2세를 계승하여 장차 제임스 2세

---

27) Cragg, *The church and the age of reason*, 송인설(옮김), 『근현대
   교회사』, p.56.
28) 박지향, 『영국사: 보수와 개혁의 드라마』, p.326.
29) Morgan, *The Oxford history of Britain*, 영국사연구회(역), 『옥스퍼
   드 영국사』, p.387.

(James Ⅱ)가 될 그는 내란 시기에 프랑스에서 망명 생활을 했다. 거기서 그는 1652년 프랑스 군대에 입대하여 전투 경험과 군사 전술을 익혔다. 1660년 찰스 2세가 국왕으로 복위하자, 요크 공작은 해군의 전력 증강에 많은 노력을 경주했다. 또한 그는 1664년 9월 함대를 동원해 네덜란드로부터 뉴암스테르담(New Amsterdam)을 획득하여 자신의 공식 명칭을 따서 뉴욕(New York)이라 칭했다.

1673년 이전까지는 요크 공작에 대한 평가는 그리 부정적이지 않았다. 그러나 그는 1673년 심사법에 따른 반가톨릭 서약을 거부하면서 다음과 같은 언급으로 긴장을 고조시켰다. ① 자신에게 프로테스탄티즘을 강요도 희망도 하지 말 것이며 ② 그런 상황이 오면 자신은 진정한 신앙을 위해 하나님에게 죽음을 줄 것을 희망하리라는 것이 바로 그것이다.[30]

요크 공작의 첫 번째 부인에게는 두 딸이 있을 뿐이었다. 문제는 1673년 9월 그가 모데나 가문의 메리(Mary of Modena)와 두 번째 결혼을 하면서 더욱 심화되었다. 찰스 2세에게 적자가 없는 상황에서 왕위를 계승할 수 있는 요크 공작이 가톨릭교도와 두 번째 결혼을 함에 따라 가톨릭 후계자가 나타날 가능성이 높아졌기 때문이다. 커다란 정치적 반향은 오히려 자연스러운 일이었다. 그 단적인 예가 1678년에 일어난 '가톨릭 음모 사건'(the Popish plot)이라 하여도 좋을 것 같다.

---

30) 김현수(역), 『왕실 스코틀랜드 영국사』, p.135.

가톨릭 음모 사건은 찰스 2세를 가톨릭교도들이 살해하고 요크 공작을 국왕으로 추대하려는 음모가 있다는 것을 그 골자로 했다. 그 사건은 가상적인 것으로 오츠(Titus Oates)라는 전직 국교회의 목사에 의해 주도되었다.[31] 국왕 찰스 2세는 그 사건을 믿지 않았으나 자신의 동생을 왕위 계승 서열에서 배제하려는 당시 분위기를 고려하지 않을 수 없었다. 그 결과 요크 공작은 잉글랜드를 떠날 수밖에 없었다.

그러한 상황에서 1679년 국왕 찰스 2세는 의회를 해산했다. 이어 새로운 선거가 실시되었다. 여기서 한 가지 특기할 사실은 1679년의 선거가 정당 노선을 추구한 최초의 사례였다는 것이다.[32] 여전히 국왕에게 충성하는 자들은 궁정당(Court Party)을 그리고 요크 공작을 의식하여 그를 왕위 계승에서 배제하려는 자를 중심으로 지방당(Country Party)이 형성되었기 때문이다. 당시 선거는 지방당의 승리로 끝났다. 이는 국민의 반가톨릭 감정의 정도를 가늠할 수 있는 척도라 하여도 좋을 것 같다.[33]

선거에서 승리한 지방당은 요크 공작의 왕위 계승 법안을 발의했다. 그러나 그들은 효과적인 입법 활동을 할 수 없었다. 이른바 '배척 법안'(Exclusion Bill)이 발의되자 국왕 찰스 2세가 의회를 해산했기 때문이다.[34]

의회의 해산과 구성은 이후에도 계속되었다. 매번 배척 법

---

31) Gruber, *English revolution*, p.134.
32) 박지향, 『영국사: 보수와 개혁의 드라마』, p.327.
33) *ibid.*
34) Gruber, *English revolution*, p.135.

안이 제출되고 의회의 해산이라는 악순환이 세 번이나 이루
어졌다. 마침내 1681년 3월 이후 국왕 찰스 2세는 의회 없
는 통치를 시작했다. 자신의 동생이 왕위를 계승하기를 희망
했기 때문이다.

한편 새로운 선거는 잉글랜드의 정치사에 또 다른 특징적
인 현상을 가져왔다. 휘그(Whig)와 토리(Tory)의 용어가 보
편화되었다는 것이 바로 그것이다.[35] 가축 도적에서 유래하
는 그것은 휘그는 법의 보호를 받지 못하는 스코틀랜드의
장로교파를 의미했다. 때문에 휘그는 신교도의 지지자로 자
리 잡게 되었다. 이에 반해 토리는 아일랜드의 산적을 의미
하는 용어였다. 자연, 그들은 가톨릭의 옹호자로 자리매김했
다.[36]

1679년 여름 국왕 찰스 2세가 중병으로 눕게 되자 의회와
의 충돌이 현실로 나타났다. 그러나 그는 냉정을 잃지 않았
다. 왕비에 대한 중상모략이 난무하는 가운데서 왕비를 변호
했으며 비협조적인 의원들을 해임하고 정부에 대한 통제권을
회복했다. 마지막 의회를 해산했을 때인 1681년 3월부터, 흡
사 1660년에 그랬던 것처럼 국왕 찰스 2세에 대한 충성의
열기가 전국적으로 확산되었다.[37]

물론 왕위 계승의 문제는 해결되지 않았다. 그러나 국왕
찰스 2세는 자신이 늘 갈망하던 일종의 평온한 번영을 누렸

---

35) 吳主煥, '英國革命史觀의 변천', 吳主煥外(共著), 「革命・思想・社
　　會變動」, p.5.
36) 박지향, 『영국사: 보수와 개혁의 드라마』, p.327.
37) Gruber, *English revolution*, p.135.

다. 그를 '유쾌한 군주'(merry monarch)라 칭한 사실이 그것을 잘 나타낸다.[38] 그러한 가운데 국왕 찰스 2세는 1685년 2월 런던의 화이트홀에서 세상을 떠났다. 그는 죽기 직전에 가톨릭 사제에게 영결 미사를 받았다. 자신이 가톨릭교도였음을 분명히 한 셈이다.

4. 명예혁명으로

1685년 2월 16일 찰스 2세의 뒤를 이어 요크 공작이 제임스 2세로 즉위했다. 그는 여왕 메리 이후 처음으로 즉위한 가톨릭교도였다. 국왕 제임스 2세는 초기에는 개인적 신앙보다 국교회의 기존법을 준수할 것을 서약했다.

그러나 그는 의회의 바람과 달리 자의적인 통치를 추구했다. 그것의 계기는 바로 찰스 2세의 서자이자 신교도인 몬머서(Monmouth) 공작의 반란이었다.[39] 1685년 6월 11일 몬머서 공작은 '수많은 피를 흘리며 보존해 온 프로테스탄트 국가인 영국을 가톨릭교도에게 넘길 수 없다'는 명분으로 스스로 왕위에 올랐다. 그러나 국왕 제임스 2세는 그해 7월 세지무어(Sedgmoor)에서 반란군을 진압했다. 몬머스 공작과 그의 추종자들은 제프리스(George Jeffreys)의 '피의 재판'(Bloody Assizes)에서 사형 혹은 유배형을 선고받았다.[40]

---

38) *ibid.*
39) 임희완, 『영국 혁명과 종교적 급진 사상』, p.119.

문제는 그 사건을 계기로 나타난 국왕 제임스 2세의 태도 변화였다. 먼저 그는 가톨릭교도를 장교로 발탁했다. 군대를 자신의 종교적 성향에 부합하도록 변화시키기 위함이다.[41] 그러한 조치는 국왕 찰스 2세 때 제정된 심사법을 위반하는 것으로 의회의 희망과는 상당한 거리가 있는 것이었다. 그 결과 1685년 11월 정회 이후 다시 열리지 않게 되었다.

1686년 이후 국왕 제임스 2세의 친가톨릭 정책은 더욱 노골화되었다. 심사법을 스스로 폐지했으며 가톨릭교도의 공직 임명을 허용했다. 이듬해인 1687년에는 옥스퍼드의 맥덜렌 칼리지(Magdalen College)에 가톨릭 학장을 임명했으며, '신교 자유령'(Declaration of indulgence)을 공포하여 가톨릭교도와 프로테스탄트 반대자들을 규제하던 모든 법률의 효력을 정지시켰다.[42]

국왕 제임스 2세의 일련의 조치는 헨리 8세 이후 계속 추구된 프로테스탄트 종교 정책과는 상반되었다. 청교도 혁명을 경험한 잉글랜드인들에게 그의 반동적인 정책은 수용하기가 힘들었다. 다만 국왕 제임스 2세의 신교도 딸이 즉위하기를 기다릴 따름이었다.[43]

그러나 1687년 11월 왕비 모데나의 임신 소식은 제임스 2세의 퇴위만을 기다릴 수 없는 상황으로 이어졌다. 더구나 1688년 5월 7일 국왕 제임스 2세는 신교 자유령을 다시 공

---

40) Gruber, *English revolution*, p.138.
41) 김현수, 『영국사』, p.159.
42) *ibid*.
43) 박지향, 『영국사: 보수와 개혁의 드라마』, pp.328-9.

포했다. 그것은 모든 교회에서 낭독하도록 명해졌다.[44] 이에 켄터베리 대주교를 비롯한 6명의 주교들이 불복하여 국왕에게 철회를 청원했지만 그들은 선동죄를 명목으로 런던탑에 이송되었다.[45]

이처럼 국왕 제임스 2세의 통치 3년은 가톨릭교도를 제외한 잉글랜드인에게 심각한 충격을 주었다. 휘그는 그를 루이 14세와 유사한 폭군으로 간주했다. 토리도 마찬가지였다. 그러한 상황에서 1688년 5월 왕비 모데나는 아들을 낳았다. 가톨릭 측에서는 그것을 기적으로, 프로테스탄트 측에서는 기만으로 인식했다.[46]

이제 의회의 지도자들은 제임스 2세의 사위인 네덜란드 총독 오렌지 공 윌리엄(William of Orange)에게 군대를 이끌고 잉글랜드로 올 것을 요청했다. 1688년 11월 윌리엄은 잉글랜드에 상륙했다. 제임스 2세는 프랑스로 도주했다.

이처럼 피 한 방울 흘리지 않은 상태로 국왕이 바뀐 것을 두고 명예혁명이라 한다.[47] 1689년 1월 의회는 명예혁명을 합법화했다. 국왕 제임스 2세가 국민과의 계약을 파기했으며, 헌정을 전복하려는 죄가 있기 때문에 왕위가 공석이라는 것

---

44) Andrew Browing(ed.), *English historical documents, 1660～1714* (London: Eyre & Spottiswoode, 1953), pp.180-5.
45) 김현수, 『영국사』, p.159.
46) G.N. *Clark, The later Stuarts, 1660～1714* (Oxford: Clarendon Press, 1934), p.121.
47) 명예혁명으로 인한 희생은 국왕과 그의 가족 및 친구 그리고 약 400명의 충성 선언 거부자들(윌리엄 3세와의 제휴를 거부한 국교회 목사)이었다. 그러나 이들 희생자들은 관직만 상실했을 뿐 생명에는 지장이 없었다.

이다.[48] 또한 의회는 그해 2월 22일 제임스 2세의 폐위를 선포하고 다음 날 윌리엄 3세와 메리 2세가 즉위하도록 했다.[49]

---

48) J.R. Jones, *The revolution of 1688 in England* (London: Weidenfeld and Nicolson, 1972), pp.313-6.

49) Gruber, *English revolution*, p.141.

Ⅵ. 1707년의 국가 통합

1. 권리 장전

　찰스 1세의 외손이자 제임스 2세의 큰 사위 윌리엄 오렌지 공은 명예혁명이 성공한 후 외국인이라는 장애를 극복해야 했다. 그래서 그는 의회가 제안한 메리 2세와의 공동 통치를 수용했다.1) 공동 통치자로서 즉위한 메리 2세는 남편이 대외 문제로 자리를 비울 때 윌리엄 3세의 조언에 따라 자신의 정부를 이끌어 나갔다.

　한편 의회는 윌리엄 3세의 세력이 커질 경우 이전의 국왕처럼 전제적으로 변할 것을 우려했다. 그 결과 가톨릭교도의 왕위 계승 배제를 분명히 하고, 새로운 국왕과 맺은 계약을 법제화했다. 이른바 '권리 장전'(Bill of Rights)이 바로 그것

---

1) 제임스 2세를 무혈로 축출한 윌리엄 3세와 메리 2세는 영국의 왕위 계승을 주장할 수 있는 서열을 지니고 있었다. 윌리엄의 경우 어머니가 찰스 2세와 제임스 2세의 누이였다. 때문에 그는 찰스 1세의 외손자로서 영국의 왕위를 주장할 수 있었다. 그러나 제임스 2세의 딸인 메리 2세는 윌리엄 3세보다 왕위 계승의 서열이 높았다. 실제로 명예혁명 직후 일부 귀족은 메리 2세의 단독 통치를 주장할 정도였다.

이다.2)

권리 장전은 '의회 안의 국왕'(king-in-parliament), 다시 말하면 국가의 최고 권위를 국왕과 국민의 대표인 의회가 공유한다는 원칙을 분명히 하는 것이다. 1689년에 작성된 그것은 찰스 2세나 제임스 2세처럼 국왕이 법을 자의적으로 적용하거나 의회의 동의 없이 과세하는 것을 용납하지 않았다. 또한 의회는 자유로운 선거와 논의가 보장되어야 함을 분명히 했다.3)

권리 장전은 의회가 모든 법률의 제정과 폐기에 대한 권리를 가지며 국왕은 국가의 기본법을 침해하지 못하게 했다. 그것을 보다 분명히 하기 위해 의회는 모든 예산은 매년 의회의 의결을 거치도록 했다. 또한 군대의 소집 및 운용 등도 법의 통과 후 1년만 가능했다. 그렇기 때문에 국왕은 과세나 징병을 위해 매년 의회를 소집할 수밖에 없었다.4)

명예혁명에 관한 평가는 서로 상반되는 모습을 보였다. 그것을 긍정적으로 보는 입장이다. 가톨릭 전제주의를 수립하려 했던 국왕의 의도를 좌절시키고 의회 정치와 법의 지배를 더욱 발전시켜 이후 잉글랜드의 번영을 가져다 준 위대한 혁명이라는 것이다. 이에 반해 부정적인 평가는 그것이 국왕 제임스 2세만 추방시킨 단순한 궁정 쿠데타에 지나지 않는다는 것이다.5)

---

2) 김현수, 『영국사』, p.161.
3) 박지향, 『영국사: 보수와 개혁의 드라마』, p.330.
4) 그 뒤 의회는 1694년 법에 의해 3년마다 해산·재구성되었다. 또한 1716년 이후에는 7년마다 소집되도록 규정이 바뀌었다.

물론 부정적인 평가에도 상당한 설득력이 있을 수 있다. 그러나 분명한 것은 권리 장전과 더불어 의회에서 명예혁명의 가치를 배가하는 정책이 추진되었다는 것이다. 정치의 논의와 활동을 궁정에서 의회로 그 중심지를 바꾸었다. 의회 안의 국왕이라는 용어나 18세기 잉글랜드를 자유의 나라라고 부른 것 등이 그것을 잘 보여 준다.6)

2. 가톨릭 배제와 왕위 계승법

종교는 명예혁명 전후 시기 잉글랜드의 중요 논쟁에서 핵심적 위치에 있었다. 토리와 휘그의 분열의 중심에 그것이 위치했다.7) 국교회의 강화를 통한 세력 확장을 모색한 토리의 시도와 그것에 대한 경쟁력을 갖추려는 휘그의 노력은 17세기 말~18세기 초 잉글랜드의 정치적 쟁론을 가져왔던 것이다.8)

---

5) Lois G. Schwoerer, 'The bill of rights: epitome of the revolution of 1688~1689', in J.G.A. Pocock(ed.), *Three British revolutions*: *1641, 1688, 1776* (Princeton: Princeton University Press, 1980), p.224.

6) 박지향, 『영국사: 보수와 개혁의 드라마』, pp.331-2.

7) 잉글랜드에서 양당이 지속되는 것은 주로 국교회(church)와 비국교회(chapel)에 대한 토리와 휘그의 종교적 태도에 기인했다는 트레블리안(G.M. Trevelyan)의 언급이 그것을 잘 나타낸다. 李憲均, 'Anne女王時代 英國議會政治의 構造', 慶北大學校 大學院 文學博士學位論文 (1987), p.285.

8) D.R. Hirschberg, 'The government and church patronage in England, 1660~1760', *Journal of British studies*, 20 (1980), pp.109-10

명예혁명 이후 잉글랜드의 의회는 종교적 관용의 길을 일부 열어주었다. 이른바 1689년 5월의 '관용법'(Toleration Act)이 바로 그것이다. 그것을 통해 비국교도와 신교도들에게 예배 장소가 허용되었다.[9] 그러나 관용법이 예배의 자유를 보장하는 것은 결코 아니다. 그것의 공식적 명칭이 '국교회와 다른 폐하의 신교도 신하들을 어떤 법들의 형벌로부터 면제시켜 주기 위한 법'(An Act for exempting their Majesties' protestant subjects dissenting from the Church of England from their penalities of certain laws)이었다는 데서 알 수 있듯이 법 적용이 제한적일 수 있었다. 실제로 1689년 5월 19일 의회에서 열린 3차 독회에서 '사면'(indulgence)은 지지하지만 '관용'(toleration)은 지지하지 않는다는 소위원회의 선언이 그것을 잘 나타낸다.[10]

물론 명예혁명은 비국교도에 대한 제한을 완화할 수밖에 없었다. 제임스 2세에 대항하는 과정에서 그들도 협조했기 때문이다. 그러나 시간이 지나면서 협조는 지속되지 못했다. 국교도의 견제는 강화되었다. 토리의 입장에서 비국교도의 세력 강화가 곧 반대파인 휘그의 강화로 이어지기 때문이다. 실제로 1689년 11월의 '비국교도 포용안'(Comprehension Bill)에 대한 의회의 배척이나 스코틀랜드에서 윌리엄 3세가 장로교를 인정했을 때 국교회 성직자와 토리가 부정적 반응

---

9) *ibid.*, pp.400-3.
10) G.S. Holmes, *Religion and party in late Stuart England* (London: Historical Association, 1975), p.12.

을 보인 사례가 그것을 잘 나타낸다.11)

이처럼 당시 토리와 휘그는 그들의 정치적 입장에 따라 종교 문제에 각기 다른 모습을 보였다. 대체로 토리는 국교주의를 강화하려 했다. 반면 휘그는 비국교도에게 우호적이었던 것이다.

그러나 명예혁명 이후 잉글랜드에 나타난 다양한 종교적 입장 가운데 거의 일치된 한 가지 공통점을 발견할 수 있다. 가톨릭에 대한 거부감이 바로 그것이다. 가톨릭에 대한 일종의 공포심은 1640~1642년 잉글랜드를 내란의 소용돌이 속에 몰아넣었던 찰스 1세가 가톨릭과 우호적인 관계를 모색했다는 사실에서 출발하여 제임스 2세의 통치에서 경험한 산물이라 하여도 좋을 것 같다.

청교도 혁명과 명예혁명을 경험한 당시 잉글랜드인들에게 가톨릭 군주는 혐오의 대상이었다. 때문에 명예혁명 이후 '누가 왕위를 계승하는가?'에 대한 관심은 비상할 수밖에 없었다. 가톨릭은 그들이 싫어하는 종교라는 차원을 넘어 유럽 대륙의 절대 군주처럼 독재와 개신교의 박해와 동일시되었기 때문이다.12)

그렇다면 명예혁명 이후 잉글랜드의 왕위 계승은 어떻게 이루어졌을까? 그것은 대체로 다음과 같은 원칙으로 정리되었다. 가톨릭교도의 왕위 계승 배제가 바로 그것이다.

---

11) 李憲均, 'Anne女王時代 英國議會政治의 構造', pp.287-91.

12) John Miller, *Popery and politics in England 1660~1688* (Cambridge: Cambridge University Press, 1973), ch. 4.

1689년의 권리 장전은 왕위 계승을 다음과 같이 정했다. ① 메리 2세의 자녀 ② 제임스 2세의 막내딸 앤(Anne)과 그 자녀 ③ 메리 2세가 일찍 사망하고 윌리엄 3세가 재혼할 경우 그 자녀가 바로 그 순서였다.[13]

모든 경우의 수를 고려한 권리 장전의 규정은 가톨릭교도의 왕위 계승을 배제하는 데 문제가 없는 것 같았다. 그러나 1700년 예기하지 않았던 상황이 발생했다. 1694년 메리 2세의 사망, 윌리엄 3세의 재혼 가능성 희박 그리고 1700년에 앤보다 오래 살 것으로 기대된 글로스터(Gloucester)의 사망이 권리 장전에서 규정된 왕위 계승의 순서를 무색하게 만들었기 때문이다.[14] 오히려 생제르맹(St. Germain)에 있던 제임스 2세의 아들이 즉위할 가능성이 높아질 상황이었다.

바로 그 무렵 1701년 잉글랜드의 의회는 '왕위 계승법'(Act of Settlement)을 통과시켰다. 그것은 대체로 다음과 같은 특징적인 내용을 담고 있다. 잉글랜드의 왕은 국교도여야 하며 어떠한 군주도 의회의 동의 없이 나라를 떠날 수 없다는 것이 바로 그것이다.[15]

왕위 계승법은 스튜어트 왕가의 정통성을 계승하기를 희망하는 토리와 신교도의 즉위를 바라는 휘그 사이에 갈등을

---

13) E.N. Williams, *The eighteenth century constitution, 1688∼1815: documents and commentary* (Cambridge: Cambridge University Press, 1960), p.29.

14) 앤 여왕은 결혼 후 11년 동안 17회 임신했다. 그러나 5명만 살아서 출생했으며, 그 대부분은 유년기에 사망했다. 다만 1700년까지 글로스터만이 생존했다.

15) Andrew Browning(ed.), *English historical documents*, pp.129-34.

야기했다. 그러나 문제는 제임스 2세의 아들이었다. 그는 여전히 가톨릭을 고집했다. 런던보다 가톨릭의 미사가 더 중요하다는 입장을 버리지 않았던 것이다. 토리도 법을 지지하지 않을 수 없었다. 왕위가 프로테스탄트에게 계승된다는 원칙이 확립된 것이다.16)

3. 그렌코 학살과 다리엔 사건

명예혁명으로 윌리엄 3세와 메리 2세는 잉글랜드와 스코틀랜드의 국왕으로 즉위했다. 그러나 그것의 결과는 양국에 다른 모습으로 나타났다. 물론 일부 예외는 있었지만, 잉글랜드와 스코틀랜드 모두 가톨릭의 배제라는 점에서 공통점이 있었다. 그러나 국교회의 잉글랜드와 장로교의 스코틀랜드 사이에 간격은 오히려 넓어졌다.

당시 두 국가의 갈등을 잘 보여 주는 단적인 예로 1692년의 그렌코 학살(the Massacre of Glencoe)과 1695~1700년의 다리엔(Darien) 사건을 들 수 있다. 두 사건은 잉글랜드와 스코틀랜드가 통합되는 과정에 나타날 수 있는 어려움을 단적으로 보여 준다. 정치적, 경제적 그리고 민족적 이질감 등을 거기서 확인할 수 있기 때문이다.

명예혁명 이후 윌리엄 3세와 메리 2세는 잉글랜드와 스코

---

16) 박지향, 『영국사: 보수와 개혁의 드라마』, p.340.

틀랜드 두 국가에서 제임스 2세의 복위 운동이라는 문제에 직면했다. 특히 스코틀랜드에서는 '자코바이트'(the Jacobite)로 알려진 제임스 2세의 추종자들이 그것을 행동으로 옮겼다.

윌리엄 3세와 메리 2세가 양국의 국왕으로 선포된 뒤 1689년 4월 스코틀랜드의 고든 공작은 '제임스 2세만이 자신의 군주임'을 선언한 뒤 에든버러의 성문을 닫고 항의했다. 고든의 저항은 두 달 뒤인 6월 윌리엄 3세의 군대에 의해 진압되었다. 승리한 윌리엄 3세는 1689년 7월 던디 자작과 하일랜즈(Highlands) 사람을 주축으로 한 군대와의 전투에서 패했지만, 곧 그들을 진압했다.[17]

던디의 실패 이후 하일랜즈인들은 소규모 공동 사회를 형성했다. 그러나 윌리엄 3세는 공동 사회가 자칫 정치적 집단이 될 것을 우려하여 1692년 1월 1일까지 포트윌리엄에서 충성을 맹세할 것을 요구했다.[18]

당시 그렌코는 맥도널드(Maclan MacDonald)가 이끌고 있었다. 그는 공동 사회의 안전을 위해 포트윌리엄으로 가려 했다. 하지만 눈 때문에 그렌코 공동 사회는 마감일을 3일 넘긴 시기에 충성을 맹세했다. 그것을 구실로 1692년 2월 13일 아가일 백작(Earl of Argyll)의 군대가 그렌코 주민 78명을 학살하는 사건이 일어났다. 비록 3년 뒤인 1695년 스코틀랜드의 의회는 학살자를 살인죄로 인정했지만, 별다른

---

[17] 던디의 군대를 진압한 윌리엄 3세가 하일랜wm인들을 경계하고 그 자신의 위엄을 세우고자 한 스코틀랜드 서쪽 해안의 항구 도시가 바로 포트윌리엄(Fort William)이다.

[18] 김현수(역), 『왕실 스코틀랜드 영국사』, p.143.

조치는 취해지지 않았다.[19]

그러나 그 사건은 이후 잉글랜드에 대한 스코틀랜드인들의 적대감 형성의 주요 계기로 자리 잡게 되었다. 학살이 바로 희생양이 필요한 정치적 음모의 일환이었기 때문이다. 학살 명령서에 국왕의 서명이 있었던 것도 그것을 뒷받침한다. 그렌코 학살이 1745년 제임스 2세의 손자를 국왕으로 추대하고자 하는 자코바이트의 반란을 선전하는 데 이용되었던 것도 바로 그와 같은 이유에서 비롯되었던 것이다.[20]

사회·정치적으로 상당한 갈등이 증폭되었던 1690년대 스코틀랜드는 경제적 여건도 그리 좋지 않았다. 심각한 기근에 직면했기 때문이다. 자연, 스코틀랜드인들은 새로운 돌파구를 모색했다. 해외 식민지 개척이 바로 그것이다.[21]

당시 스코틀랜드 의회는 패터슨(William Paterson)을 중심으로 하는 스코틀랜드의 대아프리카·인도 제도 컴퍼니(Company of Scotland trading to Africa and the Indies)를 후원했다. 그 결과 1695년 남미의 다리엔 지협에서 식민지 건설이 진행되었다. 그러나 다리엔 투자는 아열대성 질병, 스페인의 침공 그리고 잉글랜드 상인과의 대립 등으로 실패로 돌아갔다. 당시 윌리엄 3세는 그 사실을 알고 있었다. 그러나 그는 악화된 스코틀랜드의 경제는 외면했다.[22]

그렌코 학살과 다리엔 사건은 1603년 이래 이루어진 잉글

19) *ibid*.
20) 김중락, '다니엘 디포우와 국가 통합논쟁', p.226.
21) 김현수(역), 『왕실 스코틀랜드 영국사』, pp.143-4.
22) *ibid*., p.144.

랜드와 스코틀랜드의 결합이 지닌 한계와 과제를 분명히 보여 준다. 다리엔의 실패에 대한 스코틀랜드인들의 인식은 잉글랜드의 방해가 그 주된 요인이었다는 것이다. 잉글랜드에 대한 스코틀랜드의 민족적 감정을 유발하는 결과를 가져왔다는 평가도 염두에 둘 필요가 있을 것이다.[23]

이처럼 잉글랜드와 스코틀랜드의 왕실 통합에 의한 결합은 다리엔 사건과 같은 경우가 재발할 여지가 항상 존재했다. 바로 그 점에서 두 국가를 하나로 묶을 수 있는 진정한 통합이 더욱 절실했던 것이다.

4. 국가 통합으로

1630년 이래 다소 모호한 결합을 유지한 잉글랜드와 스코틀랜드가 하나의 국가로 통합되는 계기는 1700년 7월 29일 글로스터 공작의 사망이었다. 그는 윌리엄 3세의 후계자로 정해진 앤의 아들이다. 때문에 글로스터는 앤 이후의 왕위 계승자였다. 잉글랜드의 의회는 1701년 왕위 계승법을 제정했다. 그 결과 제임스 1세의 외손녀인 소피아(Sophia)가 결혼한 하노버(Hanover) 선제후의 자손이 신교의 전통하에 왕위를 계승하게 되었다.

여기서 한 가지 문제가 제기되었다. 잉글랜드의 왕위 계승

---

23) 김중락, '다니엘 디포우와 국가 통합논쟁', p.226.

법을 스코틀랜드에 강제할 수 있는 법적 장치가 없다는 것이 바로 그것이다.24) 윌리엄 3세는 법적인 통합에는 다소 소극적이었다. 그것은 그가 이전에 추구되었던 통합 정책의 어려움을 잘 인식하고 있었다는 데서 상당 부분 기인했다. 물론 양국이 지니고 있는 스튜어트 왕조라는 공통점을 유지하기 위해서는 친가톨릭적인 제임스 2세나 그 후계자가 가톨릭을 포기하면 문제는 쉽게 해결될 수 있었다. 그러나 그것은 기대난이었다.25) 또한 경제적 그리고 군사적으로 우세했던 잉글랜드의 입장에서 보면 크롬웰이나 윌리엄 3세의 경우처럼 무력에 의한 일시적인 통합이나 법적으로 하나의 국가를 이루는 것을 고려할 수도 있었다. 그러나 그것 역시 여의치 않았다. 그럴 경우 자칫 스코틀랜드와 프랑스가 동맹을 맺을 수도 있었기 때문이다.

국가 통합에 대한 적극적인 정책의 추구는 1702년 국왕 앤의 즉위 직후에 이루어졌다. 통합만이 악화되어 가는 양국의 관계를 해결할 수 있는 보다 근본적인 해결 방법이라는 공감대가 형성되었기 때문이다.26) 1702년 앤 여왕은 가능한 빠른 시일 안에 양국의 통합을 원했다. 그것이 다리엔 투자의 실패로 인한 스코틀랜드의 반영 감정을 완화시킬 수 있

---

24) W. Ferguson, 'The making of the treaty of union of 1707', *Scottish historical review*, 48 (1964), p.90 김중락, '다니엘 디포우와 국가 통합논쟁', p.227에서 재인용. 바로 그러한 상황이 국가 통합을 위해서 잉글랜드가 스코틀랜드에 일정한 대가를 지불해야 하는 필요성을 더하게 했다

25) 박지향, 『영국사: 보수와 개혁의 드라마』, p.340.

26) 李憲均, 'Anne女王時代 英國議會政治의 構造', p.249.

었기 때문이다. 스코틀랜드에서 국왕파의 의회 진출을 용이하게 할 수 있다는 계산도 염두에 둘 필요가 있을 것이다.27)

그러나 1702년에 시작된 협상은 그리 여의치 않았다. 잉글랜드와 스코틀랜드의 협상은 실패했다. 양국의 경제적 그리고 감정적 문제가 그 주된 요인이었다. 잉글랜드의 의회는 국가 통합으로 그들의 부를 스코틀랜드가 함께 하는 경우를 염려했다. 잉글랜드의 경우 통합으로 인해 항해법의 배타적 독점적 이익을 공유하게 되는 상황이나 육류와 같은 스코틀랜드의 제품이 수입되는 것을 싫어했다. 스코틀랜드의 경우 당연히 다리엔 사건의 배상을 요구했다. 반잉글랜드 감정 또한 스코틀랜드의 발목을 잡을 수밖에 없었다.28)

1702∼1703년 겨울에 행해진 통합을 위한 시도의 실패에는 토리의 태도에도 상당 부분 기인했다. 토리는 잉글랜드와 스코틀랜드가 공동의 국왕과 의회를 가지게 될 경우 국교회가 장로교에 의해 오염될 것을 우려했다. 다시 말하면 잉글랜드가 스코틀랜드의 장로교를 보장해야 하는 것을 꺼렸기 때문이다.29)

협상의 실패는 두 국가의 입법 경쟁으로 이어졌다. 1703년 소집된 스코틀랜드의 의회는 이듬해, 1704년 다음의 두 가지

---

27) T.C. Smout, 'The road to union', G.S. Holmes(ed.), *Britain after the glorious revolution* (London: Macmillan, 1969), p.180 김중락, '다니엘 디포우와 국가 통합논쟁', p.227에서 재인용

28) ibid, p.228.

29) E.N. Williams, *A documentary history of England*, vol. 2: *1559∼1931* (Harmondsworth: Penguin Books Ltd., 1965), p.129.

법을 통과시켰다. ① 스코틀랜드 안전법(Act for the Security of the Kingdom)과 ② 평화법(Act anent Peace and War)이 바로 그것이다.[30]

스코틀랜드 안전법은 자국의 국제적, 경제적 그리고 정치적 자유가 보장된다는 전제하에 하노버(Hanover)가의 왕위 계승을 인정한다는 것을 골자로 한다.[31] 또한 평화법은 잉글랜드가 전쟁을 시작하거나 화약을 체결할 경우 스코틀랜드의 동의를 구해야 한다는 것이다.[32] 이 두 법은 스코틀랜드가 결코 잉글랜드에 속한 국가가 아니라는 것을 의미하는 것이다.

1704년 스코틀랜드의 입법은 잉글랜드의 의회를 자극했다. 통합으로 인한 경제적 손실보다 양국의 갈등이 미칠 정치적 혼란이 더 심각할 수 있다는 것을 인식했기 때문이다. 스코틀랜드의 입법으로 잉글랜드의 국왕이 통치권을 상실하는 것은 물론 스코틀랜드와 프랑스와의 동맹이 이루어질 경우 잉글랜드의 안정에 위협적일 수 있었던 것이다. 프랑스의 무력으로 가톨릭적인 스튜어트 왕실이 복원되는 재앙의 가능성이 다분히 존재했기 때문이다.

스코틀랜드의 입법에 대해 잉글랜드의 의회는 협상 재개를 위한 방안 마련에 착수했다. 이른바 1705년의 '외국인 법'(the Alien Act)이 바로 그것이다. 그것은 스코틀랜드인들이 잉글랜드와의 왕실 통합을 유지하지 않을 경우 그들을 외국인으

---

30) Lynch, *Scotland*, p.311.
31) Andrew Browning(ed.), *English historical documents*, pp.677-80.
32) Williams, *A documentary history of England*, vol .2, p.130.

로 인정하고, 또한 양국의 교역이 중단되는 것을 규정한 것이
다.33)

외국인 법의 통과는 스코틀랜드에 충격을 주었다. 무엇보
다도 그것이 가져올 경제적 어려움이 심각했다. 다리엔의 실
패로 인해 악화된 스코틀랜드의 경제 상황이 더 이상의 충
격을 감당하기가 어려웠기 때문이다.

외국인 법에 대한 반응은 다양했다. 1705년 4월 잉글랜드
의 선원을 해적으로 처형한 감정적인 조치에서부터 현실을
인정하여 협상을 하자는 주장 등이 제기되었다.34) 그러나 시
간이 흐를수록 그것의 추이는 점차 협상으로 이어졌다. 통합
에 반대하는 1704년의 입법을 주도했던 플레처(Andrew
Fletcher)가 이듬해에 찬성으로 돌아선 사실이 그것을 잘 나
타낸다.35) 잉글랜드의 입장으로서는 외국인 법이 소기의 목
적을 달성한 셈이다.

그러한 상황에서 1706년 4월 양국은 각각 31명의 위원을
임명하여 통합 협상을 시작했다. 그 결과 그해 7월 25개 조
항의 통합 조약이 작성되었다. 그 가운데 특히 주목되는 것
은 잉글랜드가 경제적으로 많은 양보를 했다는 것이다. 그것
이 전체 25개 조항 가운데 15개를 차지했다. 다리엔의 실패
에 대한 경제적 보상이 명시된 것은 물론이다.36)

33) Lynch, *Scotland*, p.311.
34) *ibid.*
35) 김중락, '다니엘 디포우와 국가 통합논쟁', p.229.
36) '통합법'(Act of union of the two kingdoms of England and Scotland)의
15조.

1706년 7월 작성된 통합 조약이 실행에 옮겨지기 위해서는 양국의 의회에서 비준을 받아야 했다. 그것의 비준은 잉글랜드보다 스코틀랜드에서 격렬한 반대에 직면했다. 비록 영국이라는 이름으로 통합되지만 그들의 국가가 없어지기 때문이다. 그 결과 1706~1707년의 겨울 회기에 조약의 비준을 두고 심각한 갈등과 논쟁이 야기되었다.37)

스코틀랜드에서의 논쟁은 통합 이후에도 개신교와 장로교 조직을 그대로 유지한다는 법(Act for the securing of the protestant religion and presbyterian church government)이 통과되면서 일단락되었다.38) ① 국가 통합으로 인한 현실적인 이득과 정치적 주권을 교환했지만 ② 스코틀랜드인들의 전통인 장로교는 지키겠다는 것이다.39)

이처럼 당시 잉글랜드는 경제적 양보를 통해 신교도 국왕의 즉위라는 명예혁명의 중요한 성과를 얻을 수 있었다. 반면 스코틀랜드는 정치적 독립성을 상실했다. 그러나 그들의 전통이었던 장로교는 지킬 수 있었다. 바로 그것이 양국의 통합을 이룬 바탕이었다. 서로의 독자성과 현실의 인정이 1707년 1월의 조약 비준과 하나의 국가로 이어졌기 때문이다. 조약의 명칭처럼 잉글랜드와 스코틀랜드가 영국이라는 국가로 통합된 것이다.

---

37) Williams, *A documentary history of England*, vol. 2, p.135. 김중락, '다니엘 디포우와 국가 통합논쟁', pp.230, 238-49.
38) 당시 통과된 통합법의 전문에 그것이 간략하게 다시 언급되어 있다.
39) Williams, *A documentary history of England*, vol. 2, p.135

VII. 국가 통합에서 국민 통합으로

1. 디포와 새로운 국민

1707년 국가 통합은 그 과정에서 새로운 과제를 가져왔다. 통합과 관련하여 당시 행해진 논쟁에서 그것을 엿볼 수 있다. 거기에 통합이 가져올 장점을 설명하는 것은 물론이거니와 하나의 국민이라는 새로운 과제가 제기되었기 때문이다. 다시 말하면 이제 국가 통합에서 국민 통합으로 문제의 초점이 옮겨진 것이다.[1]

잉글랜드와 스코틀랜드, 즉 영국의 국민 통합에 관해 특히 주목을 끄는 인물은 디포(Daniel Defoe)이다.[2] 물론 그의 활동으로 국민 정체성이 형성된 것은 아니다. 그러나 통합에 대한 디포의 이상에서 향후 잉글랜드와 스코틀랜드, 즉 영국의 정체성을 엿볼 수 있기 때문이다.[3]

---

1) Lynch, *Scotland*, p.316.
2) 통합에 관한 디포의 이상에 관해서는 D.W. Hayton(ed.), *Political and economic writings of Daniel Defoe*, v. 4: *union with Scotland* (London: Pickering & Chatto, 2000) 참조.
3) 박지향, '다니엘 디포가 밟은 영국 땅과 통합왕국의 이상', 『서양사

통합에 관한 디포의 이상은 대체로 다음의 두 가지로 나
누어 볼 수 있다. ① 프로테스탄티즘의 수호와 ② 새로운 국
민의 탄생이 바로 그것이다.

1660년 헌신적인 장로교 집안에서 태어난 디포는 반가톨
릭 정서를 지니고 있었다. 그도 당시대 사람처럼 '프랑스는
가톨릭 그리고 가톨릭은 바로 폭정'이라는 인식을 지니고 있
었다.4) 바로 그 점에서 디포는 통합에 적극적이었다. 잉글랜
드와 스코틀랜드가 하나의 국가가 될 경우 개신교 국왕의
계승과 종교의 자유가 보장될 수 있다는 것이 그것의 바탕
이었다.5)

1689〜1690년 스코틀랜드 교회는 주교 제도를 완전히 폐
기하고 장로교 조직을 확립했다. 그 결과 총회를 정점으로
하는 교회 조직 체계가 완전히 회복되었다. 교회는 자신의
영역 안에서 자유롭고 자율적이었다. 국가와는 구별되었다.6)
그러한 상황에서 잉글랜드와의 통합은 심각한 문제가 될 수
있었다. 그것이 이루어질 경우 주교 제도를 바탕으로 하고

연구』 제32집 (2005), pp.93-4.
4) R. Knox, 'Daniel Defoe and Scotland', in R. Buick Knox(ed.), *Reformation, conformity and dissent: essays in honour of Geoffrey Nuttall* (London: Epworth Press, 1977), p.222 김중락, '다니엘 디포우와 국가 통합논쟁', p.232에서 재인용.
5) 디포는 장로교도였다. 때문에 그는 스코틀랜드와의 통합으로 잉글랜드 내의 비교교도에게도 도움이 될 것이라는 바람에서 통합에 적극적이었다. 박지향, '다니엘 디포가 밟은 영국 땅과 통합왕국의 이상', 『서양사연구』, p.114.
6) Cragg, *The church and the age of reason*, 송인설(역), 『근현대교회사』, p.84.

있는 잉글랜드의 거대한 고래에 스코틀랜드의 장로교가 요나
처럼 삼켜질 수 있다는 우려가 바로 그것이다.[7]

종교적 통합 반대론에 대한 디포의 대응은 적극적이었다.
그는 교회는 통합의 대상이 아니라는 점을 강조했다. 하나의
국가가 탄생해도 세속적인 통치를 받는 정치적 국민과 달리
군주나 의회도 시찰, 노회 그리고 총회의 영향을 받는 종교적
국민으로 남는다는 것이다.[8]

디포의 주장은 국민 계약에도 부합하는바, 장로교를 수호
하려는 스코틀랜드인에게 상당한 설득력을 지닐 수 있었다.
더구나 그는 잉글랜드와 스코틀랜드가 개신교 국가이며, 반
가톨릭주의를 견지하고 있었기 때문에 통합의 효과를 확신하
고 있었다. ① 두 나라가 하나가 될 경우 스코틀랜드와 프랑
스와의 동맹을 막고, 자코바이트의 침략을 저지할 수 있으며
② 그럴 경우 유럽의 다른 국가와 대적할 수 있다는 것이
다.[9]

하나의 개신교 국가를 지향하는 디포의 이상은 새로운 국
민 만들기와 연계되었다. 그것은 그가 윌리엄 3세가 외국 태
생이라는 이유로 받는 비난을 반박하기 위해 1701년에 저술
된 『순종 영국인』(*The true-born Englishman*)으로 요약될 수
있다.[10] 디포는 역사나 혈통의 순수함을 주장하는 것이 옳지
않다는 견해를 피력했다. 가장 많이 혼혈된 사람들이 가장

---

7) 김중락, '다니엘 디포우와 국가 통합논쟁', p.234.
8) ibid., p.246.
9) 박지향, '다니엘 디포가 밟은 영국 땅과 통합왕국의 이상', p.114.
10) 김중락, '다니엘 디포우와 국가 통합논쟁', p.232.

홀륭하고 가장 덜 난폭하다는 것이 그의 주장이었다.11)

물론 디포는 1707년의 국가 통합이 국민 통합으로 이어지지 못했음을 알고 있었다. 그러나 그에게 있어 새로운 국민의 탄생이 전혀 불가능한 일은 아니었다. 혈통을 중요시하지 않은 디포의 입장에서 보면 순수한 영국인은 없으며, 모두 이방인이었다. 바로 그러한 상황에서 국민 정체성이 형성될 경우 현재의 통합이 국가를 넘어 국민으로 이어질 수 있기 때문이다.12)

2. 선택받은 자유인

그렇다면 디포가 희망한 하나의 국민은 어떻게 형성되었을까? 여기서 1801년의 영국과 아일랜드와의 통합(United Kingdom of Great Britain and Ireland)에 주목할 필요가 있다. 1707년에 여의치 않았던 영국이라는13) 명칭이 그해에 공식적으로 채택되었기 때문이다. 이는 18세기를 지나면서 잉글랜드와 스코틀랜드를 아우를 수 있는 일종의 국민감정이 형성되고 있었음을 의미하는 것이다.

그렇다면 18세기 잉글랜드인들은 그들을 어떠한 존재로 이

---

11) 박지향, '다니엘 디포가 밟은 영국 땅과 통합왕국의 이상', p.116.
12) ibid.
13) 영국이라는 용어가 공식적으로 채택된 것은 1801년이었다. 김민제, '서평: England, Britain, Great Britain, United Kingdom의 차이를 아십니까? pp.159-60.

해하고 있었을까? 그들의 인식은 스코틀랜드와의 국민 통합
에 과연 어떠한 영향을 미쳤을까? 그것을 파악하기 위해서는
이른바 '자유롭게 태어난 잉글랜드인'(free-born Englishmen)
이라는 용어에 주목할 필요가 있다. 17세기에 정치 및 경제의
자유에 대한 관념으로 대두된 그것이 그 다음 세기에 일반
사람들에게까지 의미 있게 다가왔기 때문이다.14)

　그러나 자유롭게 태어난 잉글랜드인이라는 관념의 형성은
그리 간단하지 않다. 그것의 과정은 이른바 '노르만의 멍
에'(the Norman yoke)를 극복하는 과정으로 요약·정리될 수
있다.15) 1066년 이전에 잉글랜드에 거주한 앵글로-색슨족
(the Anglo-Saxon)은 자유롭고 평등한 삶을 살고 있었다. 그
들의 통치는 대의 기구를 통해 이루어졌다. 고대 앵글로-색
슨 사회에서 국왕 알프레드(King Alfred)가 매년 선거를 통
해 인민들이 그들의 대표를 뽑는 일에 참여케 한 사실이 그
것을 잘 나타낸다.16) 바로 그러한 자유가 노르만 정복(the
Norman conquest)으로 박탈되었다. 그 결과 앵글로-색슨족
은 이방인 군주와 지주의 압제에 시달리게 되었다. 그것이 바
로 노르만의 멍에였다.17)

---

14) 이영석, '잉글랜드, 스코틀랜드, 국민 정체성', 『大丘史學』 第66輯
　　(2002), p.68.
15) Paul Ward, *Red flag and Union Jack: Englishness, patriotism, and the
　　British left, 1881~1924* (Woodbridge: Boydell Press, 1998), p.11.
16) John Cartwright, *The people's barrier against undue influence and
　　corruption, or, the Commons House of Parliament according to the
　　Constitution* (London: Society for Constitutional Information, 1780),
　　p.10.
17)　Christopher　Hill,　*Puritanism　and　revolution:　studies　in*

한마디로 노르만의 멍에는 고대 국제의 단절을 의미한다. 그러나 앵글로-색슨족은 그들의 전통을 결코 잊지 않았다. 그들은 지속적으로 노르만 정복자와 투쟁했다. 그러한 투쟁의 바탕은 앵글로-색슨족이 누린 고대의 자유였으며, 그것을 통해 그들은 다양한 형태의 양보를 받아낼 수 있었던 것이다. 1215년의 '대헌장'(*Magna Carta*)이 그 대표적인 경우라 할 수 있다.[18]

고대의 자유를 위한 지속적인 투쟁은 다음의 계기를 통해 보다 구체적인 결실을 맺게 되었다. 청교도 혁명이 바로 그것이다. 혁명의 진행과 수습의 과정을 통해 자유로운 개인들이 국가를 형성한다는 원리가 확립되는 계기를 맞았기 때문이다. ① 1643년에 왕당파와의 전투에서 전사한 햄프든(John Hampden)을 공동의 자유와 이익이 존재하는 나라를 지킨 애국자로 추모한 사실과 ② 1693년부터 스튜어트 왕실을 저주하고 폭정에 항거한 햄프든과 시드니(Algermon Sidney)를 찬양하는 모임이 매년 열린 것[19] 등이 그것을 잘 나타낸다.

이처럼 고대의 자유를 회복하기 위한 여러 시도는 자유롭게 태어난 잉글랜드인이라는 관념을 자리 잡게 했다. 그것은 대체로 정치 및 경제적 측면이었다. 그러나 거기에는 또 다른

---

interpretation of the English Revolution of the 17th century (New York: Schocken Books, 1964(1958)), p.57.

18) *ibid*.

19) Peter Karsten, *Patriot-heroes in England and America*: *political symbolism and changing values over three centuries* (Madison: University of Wisconsin Press, 1978), pp.23-4.

요소가 더해졌다. 그것의 계기는 시기적으로 17세기의 청교도 혁명보다 앞선 종교 개혁(the Reformation)이었다.

16세기 잉글랜드의 귀족들은 인민에 대해 다음과 같은 의식을 지니고 있었다. 인민과 자신이 하나의 국민을 이루고 있다는 생각이 바로 그것이다. 자신은 지배자이고 인민은 피지배자가 아니라는 것이다.[20] 유럽의 여타 국가와 구별되는 그러한 발상의 배경에는 종교 개혁이 자리 잡고 있었다. 그것을 통해 잉글랜드인 모두가 하나님에게 선택된 백성이라는 믿음이 심어졌기 때문이다.

하나님으로부터 선택받았다는 의식은 자유롭게 태어난 잉글랜드인이라는 관념과 더불어 잉글랜드를 유럽의 여타 국가와 구별되게 했다. 국민 의식이 전체 인민을 하나로 만드는 첫 번째 국가로 자리 잡게 했던 것이다.[21] 또한 그것은 잉글랜드인들로 하여금 그들을 선택받은 자유인으로 인식케 했다. 엘리자베스 1세의 즉위 이후 무적함대(the Armada)의 격파(1588), 화약 음모 사건(the gunpowder plot, 1605) 그리고 명예혁명 등과 같은 일련의 사건은 가톨릭의 위협으로부터 잉글랜드가 보호를 받고 있다는 의식을 심어줄 수 있었기 때문이다. 17세기 잉글랜드인이 이탈리아인, 프랑스인 그리고 독일인으로 태어나지 않았음을 하루에도 일곱 번씩 감사했다는 사실이 그것을 잘 보여 준다.[22]

---

20) Liah Greenfeld, *Nationalism: five roads to modernity* (Cambridge, Mass.: Harvard University Press, 1992), p.47.
21) Hans Kohn, 'The genesis and character of English nationalism', *Journal of history of ideas*, 1 (1940), p.91.

이처럼 17세기 말까지 잉글랜드에서는 정치·경제적으로는 자유롭게 태어난 영국인 그리고 신앙적으로는 선택받은 백성이라는 의식이 뚜렷해지고 있었다. 즉 선택받은 자유인이라는 관념이 구체화되고 있었던 것이다.

3. 국민 정체성의 형성

노르만의 멍에를 벗어난 선택받은 자유인이라는 의식의 형성에는 종교 개혁과 혁명이 자리 잡고 있었다. 그 결과 17세기 말의 잉글랜드는 오랜 논의와 함께 국왕, 상원 그리고 하원이라는 국제를 가진 국가로 변모했다.

그러나 그것이 곧 국민 정체성으로 연결된 것은 결코 아니다. "튜더, 스튜어트 시기 잉글랜드인의 이동은 시장 도시를 중심으로 대체로 반경 20~25마일 안에서 이루어졌으며, 그것이 그 시기 사람들이 생각한 국가였다"는 헤이(David Hey)의 언급을 염두에 둘 필요가 있을 것 같다.[23]

실제로 약 300년 전 잉글랜드의 젠트리가 생각한 국가(country)는 주(county)였다. 당시 잉글랜드는 중앙 정부가 있었음에도 불구하고 특유의 정서와 충성심을 가진 반독립적인 주국가(county-state) 혹은 주공동체의 연합체적 성격을

---

22) Greenfeld, *Nationalism*, p.60.
23) David Hey, *The Oxford guide to family history* (Oxford: Oxford University Press. 1993), p.68.

지니고 있었다.[24] 이는 17세기 잉글랜드에서 정치적 영향력을 경험할 수 있는 계층이나 지역이 제한적이었음을 의미하는 것이다. 즉 국민 정체성을 형성할 수 있는 여건이 완전히 형성되지 못했다는 것이다.

그렇다면 국민적 공감대는 어떻게 형성될 수 있었을까? 바로 여기서 국민 정체성이 상상에서 비롯되었다는 견해에 주목할 필요가 있다.[25] ① 그것은 문화, 정치 그리고 경제 등의 통합이라는 역사적 실체보다는 상상을 통해 만들어지며 ② 자본과 인쇄 기술의 결합 등이 의사소통을 가능하게 하면서 그 이전에는 유대가 없었던 다양한 집단의 사람들이 자신들이 하나의 공동체에서 함께 살아간다는 상상을 하게 되었다는 것이다.[26]

이른바 '상상의 공동체'는 대체로 다음의 두 가지 요소를 필요로 했다. 국가 권력에 대한 인식과 대외 차별성 확보 등이 바로 그것이다. 그것을 통해 공동체적 유대와 함께 자신들이 다른 나라와 구별되는 국가에서 살고 있다는 의식이 형성될 수 있기 때문이다.

---

24) Alan Everitt, *The community of Kent and the Great Rebellion, 1640 ~60* (Leicester: Leicester University Press, 2nd impression, 1973(1966)), p.13, 吳主煥, '英國革命史 硏究의 實相', 『慶北史學』 第五輯 (1982), p.218.

25) 그러한 관점에 대해서는 ① Lloyd Cramer, 'Historical narrative and the meaning of nationalism', *Journal of history of ideas*, 58 (1997), p.536와 ② 이영석, '잉글랜드, 스코틀랜드, 국민 정체성', p.66 등을 참조.

26) Benedict Anderson, *Imagined communities: reflections on the origin and spread of nationalism* (London: Verso, 1983), pp.15, 49.

그렇다면 잉글랜드에서 국가 권력은 언제 그리고 어떻게 인식되었을까? 여기서 18세기 잉글랜드가 '재정과 군사력이 완비된 국가'(fiscal-military state)로 자리 잡고 있었음에[27] 주목할 필요가 있다. 바로 그것이 국민으로 하여금 국가의 권력을 체험하는 계기로 작용할 수 있었기 때문이다.

당시 잉글랜드가 강력한 국가로 변모하는 데는 17세기 후반 이후 수행된 전쟁의 영향이 중요했다. "국가가 전쟁을 만들었고, 전쟁이 국가를 만들었다"는 틸리(Charles Tilly)의 언급은[28] 상당한 타당성을 지니고 있다. 전쟁을 통해 다른 국가와의 차별성과 내부 결속을 공고히 할 수 있는 여지가 다분히 존재했기 때문이다.

17세기 말 이래 잉글랜드는 수차 대외 전쟁을 경험했다. 9년 전쟁(1689〜1697년), 에스파냐 왕위 계승 전쟁(1701〜1714년), 오스트리아 왕위 계승 전쟁(1739〜1748년), 미국 독립 전쟁(1775〜1783년) 그리고 나폴레옹 전쟁(1796〜1815년) 등이 바로 그것이다. 그러한 전쟁은 구체적인 국가 행정 조직을 수립할 수 있는 계기가 되었다. 실제로 1688년 이전에 잉글랜드의 전비는 £2,000,000를 넘지 않았다. 그러나 에스파냐 왕위 계승 전쟁은 달랐다. 연간 £7,000,000를 필요로 했다.[29]

---

27) 김대륜, '18세기 영국에서 국민, 민족주의, 제국 – 주요 연구들에 대한 재검토 –', 『영국연구』 3 (1999), p.188.

28) Charels Tilly(ed.), *The formation of national states in western Europe* (Princeton: Princeton University Press, 1975), p.42.

29) John Brewer, *The sinews of power: war, money, and the English*

전쟁 비용의 상승은 자연, 국가 기구나 그것의 운용 등에 많은 영향을 미쳤다. 당장 조세 수취를 위한 인력이 늘어났다. 1688년에 2,500명이었던 관리가 1783년에는 8,300명으로 증가했다.[30] 또한 보다 정확한 정보 확보를 위한 노력도 함께 이루어졌다. 17세기 말의 킹(Gregory King)을 필두로 비중 있는 '정치 산술가들'(political arithmetics)이[31] 18세기에 등장한 것을 염두에 둘 필요가 있다.[32]

당시 잉글랜드 정부의 전비 조달을 위한 노력은 여타 혁신적인 조치를 수반했다. 1694년 잉글랜드 은행(Bank of England)의 설립이나[33] 장기 공채의 도입과[34] 같은 일련의 개혁들이 바로 그것이다. 그러한 변화는 자연, 국민이 국가 권력을 체험할 수 있는 계기가 될 수 있었다. 실제로 17세

---

state, 1688 ~1783 (New York: Knopf, 1989(1988)), p.30.
30) ibid., p.66.
31) 정치 산술이라는 말은 1687년에 페티(William Petty)가 처음으로 사용했다. 정치 산술가들은 통치가가 현실 세계에 대한 이해와 통제력을 강화하기 위해서는 여러 통계 자료의 수집과 그것의 분석에서 도출된 연구 결과에 바탕을 둔 정책 수행을 해야 한다고 믿었다. 정치 산술가들이 전국적 범위의 인구 통계와 각 계층별 생활 상태를 파악하고자 했던 것도 그와 같은 배경에 비롯되었던 것이다. J. Dennis Willigan and Katherine A. Lynch, Sources and methods of historical demography (New York: Academic Press, 1982), pp.14-7, 김성룡, '영국 역사 인구학의 성과와 과제', 『大丘史學』 第44輯 (1992), p.117.
32) Julian Hoppit, 'Political arithmetic in eighteenth-century England', Economic history review, 2nd ser., 44 (1996), pp.516-40.
33) 처음에는 전시의 편의를 위한 것이었다. Paul Kennedy, The rise and fall of the great powers: economic change and military conflict from 1500 to 2000 (New York: Random House, 1987), p.80.
34) 18세기의 경우 추가 전비의 약 3/4은 공채로 발행되었다. ibid., p.80.

기 말 잉글랜드는 9년 전쟁의 전비 조달을 위해 토지세를 인상했다.[35] 그 결과 켄트(Kent)에서는 1658∼1665년에 4∼5%였던 그것이 1689∼1699년에는 16∼27%로 증가하게 되었다.[36]

　그러한 상황은 곡물 가격의 하락과 더불어 당시 잉글랜드의 농업 사회 구조에 상당한 영향을 미치게 되었다. 빈부에 따른 농민의 계층 분화가 바로 그것이다.[37] 먼저 토지세의 상승은 토지를 지주에게 집중되게 했다. 소규모 토지로는 농업 경영이 어려워졌기 때문이다. 17세기 말 잉글랜드의 토지 가운데 70∼75%가 이미 지주의 손에 집중되었다는 사실이 그것을 뒷받침한다.[38]

　토지의 집중 현상은 18세기에도 계속되었다. 스태포드셔(Staffordshire)의 경우 100에이커 이상의 농장은 1724∼1764년에 44%가 증가했다.[39] 이처럼 전쟁이 가져온 결과는 사회의 구조적 변화와 더불어 세금 납부와 병력 충원의 대상이었던 전국의 중하급 계층에게 국가 권력의 존재를 피부

---

35) 거의 18세기 전 기간을 통해 토지세는 잉글랜드의 주된 직접세였다. Kennedy, *The rise and fall of the great powers*, p.79.

36) D.C. Coleman, *The economy of England 1450∼1750* (Oxford: Oxford University Press, 1977), pp.128-9, 191-4.

37) Mark Overton, *Agricultural revolution in England: the transformation of the agrarian economy 1500∼1850* (Cambridge: Cambridge University Press, 1996), p.171.

38) F.M.L. Thompson, 'The social distribution of landed property in England since the sixteenth century', *Economic history review*, 2nd ser., 19(1966), pp.505-17.

39) Coleman, *The economy of England*, p.129.

로 체험하게 했다.

그러한 추세는 인쇄 문화의 발전과 더불어 확산되었다. 각 지역의 신문 발행은 괄목할 만했다.[40] 18세기 말 무렵 지역 신문이 발행되지 않은 타운이 거의 없을 정도였다. 그 결과 대도시의 다방이나 타운의 선술집에서 상층에서 하층에 이르는 계층이 그것을 읽고 토론하면서 국가 정치 문제에 관심을 표출하게 되었다.[41] 이는 국가 권력에 대한 경험의 정도를 보여 주는 한 가지 방증이라 할 수 있다.

전쟁이 가져온 영향은 국가 권력의 체험에만 한정되지 않았다. 대외적 차별성의 인식으로도 이어졌다. 당시 사람인 버클리(George Berkeley)는 국채 발행을 "잉글랜드가 프랑스에 대해 갖고 있는 주된 장점"이라는 언급을 남겼다.[42] 실제로 그것은 여타 산업에 심대한 영향을 미쳐 잉글랜드의 경쟁력 강화에 기여했다. 특히 해군 본부에서 발주한 철, 목재 그리고 의복 등의 품목 계약으로 야기된 대규모의 지속적 수요 진작은 상당한 파급 효과를 가져왔다. 다시 말해 그것으로 인한 제조업의 발전과 기술 혁신이 프랑스에는 없는 또 하나의 강점을 잉글랜드가 지닐 수 있게 했던 것이다.[43]

---

40) Nicholas Rogers, *Whigs and cities: popular politics in the age of Walpole and Pitt* (Oxford: Clarendon, 1989), pp.347-89.

41) 조승래, '18세기 애국주의 담론과 국민적 정체성의 형성', 『영국연구』 1 (1997), p.7.

42) P.G.M. Dickson, *The financial revolution in England: a study in the development of public credit, 1688 ~1756* (London: Macmillan, 1967), p.15.

43) Kennedy, *The rise and fall of the great powers*, p.82.

그러면 18세기 잉글랜드인들은 어떠한 대외 차별성을 지니고 있었을까? 당시 잉글랜드가 경험한 일련의 전쟁에는 대체로 다음과 같은 공통점이 있었다. 주요 교전 대상국이 프랑스라는 사실이 바로 그것이다. 17세기 말 이후 잉글랜드와 프랑스와의 전쟁은 양국의 차이점을 분명하게 보여 준다. ① 아메리카 독립 전쟁을 예외로 하면, 전쟁에서 승리를 거둔 국가는 잉글랜드였으며 ② 가톨릭인 프랑스와 달리 잉글랜드는 프로테스탄티즘을 신봉하고 있었던 것이다.

개신교 국가인 잉글랜드의 승리는 국민 정체성의 형성과 밀접한 관련이 있었다. 당장 그것은 프랑스에 대한 그들의 우월성을 인식할 수 있는 계기가 되었다. 뿐만 아니라 그것은 공동체적 유대감을 더욱 공고히 할 수 있는 바탕이 되었다.[44] 실제로 18세기 잉글랜드인들은 그들의 국가를 보다 나은 '예루살렘'(Jerusalem)으로 인식하고 있었다. 7년 전쟁 후, 1763년의 파리 평화 협정을 기념하여 잉글랜드의 한 성직자가 행한 설교의 제목이 '모압에 대한 이스라엘의 승리'(*The triumph of Israelties over Moabities, or Protestants over Papists*)였다는 사실이 그것을 잘 나타낸다.[45] 이는 전쟁에서의 승리가 잉글랜드들에게 선택받은 자유인임을 더욱

---

44) Linda Colley, Britons: forging the nation 1707~1837 (New Haven: Yale University Press, 1992), pp.30-1.

45) G. Williams, *The triumph of Israelties over Moabities, or Protestants over Papists* (1763) quoted in Colin Haydon, *Anti-Catholicism in eighteenth- century England, c. 1714~1780: a political and social study* (Manchester: Manchester University Press, 1993), p.179.

분명히 했다는 것을 의미하는 것이다.

이처럼 18세기 잉글랜드가 경험한 일련의 전쟁은 국민 정체성의 형성에 직·간접적으로 영향을 미쳤다. 당장 그것은 국가 재정 및 국방 부분의 변화를 가져왔다. 그 결과 잉글랜드의 경쟁력이 제고되었으며, 국민에게 국가 공권력을 체험할 수 있게 했다. 뿐만 아니라 가톨릭 국가와의 전쟁에서 승리함에 따라 당시 잉글랜드들은 그들과 타국민을 보다 분명하게 구분할 수 있게 했다. 즉 선택받은 자유인이라는 국민 감정을 보다 확고히 할 수 있었던 것이다.

4. 반가톨릭주의의 의의

18세기 잉글랜드인들은 선택받은 자유인이라는 공감대를 형성하고 있었다. 그러한 국민 정체성의 형성에 당시 잉글랜드가 경험한 대외 전쟁은 중요한 한 가지 요인으로 자리 잡고 있었다. 전쟁에서 거둔 승리가 잉글랜드인으로 하여금 대외적 차별성을 부각시킬 수 있었기 때문이다.

그렇다면 18세기 잉글랜드인들은 대내적 동질성을 어떻게 확보할 수 있었을까? 다시 말하면 무엇을 통해 그들을 하나의 국민으로 인식할 수 있었을까? 그에 관한 물음에서 당시 잉글랜드의 주요 전쟁 대상국인 프랑스의 국가적 종교가 가톨릭이었다는 사실은 많은 것을 시사한다.

인구의 많고 적음은 전쟁의 승패에 많은 영향을 미칠 수 있다. 바로 그 점에서 당시 잉글랜드는 프랑스에 비해 불리했다고 볼 수 있다. 잉글랜드의 인구가 프랑스에 비해 적었기 때문이다.46) 그러한 상황에서 프랑스는 잉글랜드인들에게 두려움의 대상이 될 수 있었다. 그들의 종교인 가톨릭도 마찬가지였다.

18세기 잉글랜드인들은 가톨릭의 위협을 심각하게 받아들였다. 실제로 1715년과 1745년 두 차례에 걸쳐 일어난 스튜어트 왕실의 복원 운동, 즉 자코바이트의 반란은 실패로 돌아갔다. 그러나 그것은 당시 잉글랜드인들에게 가톨릭에 대한 위기의식과 거부감을 심어 주기에 충분했다.

여기서 한 가지 주목할 만한 사실이 있다. 18세기 잉글랜드인들의 가톨릭에 대한 거부감, 즉 반가톨릭주의가 신앙의 문제만이 아니라는 것이다. 오히려 그들에게는 그것이 이성적인 행위였다는 것이다. 전쟁에서 잉글랜드가 거둔 승리는 프로테스탄티즘을 그들이 누리고 있는 자유와 부의 원천으로 인식하는 데 많은 영향을 미쳤다.47) 당시 사람들에게 개신교는 자신들의 위치와 가치를 일깨워 주는 힘이었던 것이다. 때문에 가톨릭의 위협을 물리치는 것은 잉글랜드인의 자리와

---

46) 1801년에 잉글랜드는 약 8,893,000명 그리고 스코틀랜드는 약 1,608,000명으로 추산된다. Robert Woods, *The population of Britain in the nineteenth century* (Basingstoke: Macmillan, 1992), p.22. 같은 시기 프랑스의 인구는 약 30,500,000명이었다. E.A. Wrigley, 'The growth of population in eighteenth-century England: a conundrum resolved', *Past and present*, 98 (1983), p.98.

47) Colley, *Britons*, p.53.

이익을 지키는 당연한 행위라 할 수 있다.

프로테스탄티즘을 지키는 것이 합리적인 상황에서 가톨릭
에 대한 평가는 결코 긍정적일 수 없었다. 자유롭게 태어난
잉글랜드인이라는 관점에서 볼 때 가톨릭은 자유와는 정반대
의 개념이었다. '가톨릭과 폭군' 혹은 '가톨릭과 전제 군주'
처럼 그것은 잉글랜드인들에게 부정적으로 인식되었다. 루이
14세(Louis ⅩⅣ)가 '깡패 군주'(the Bully King)로 묘사된
사실도 염두에 둘 필요가 있을 것이다.48)

가톨릭 군주에 대한 부정적 인식은 해당 국가의 지배층에
게도 적용되었다. ① 프랑스의 엘리트는 멋만 부리고 주색에
빠진 자로 이해되었으며 ② 대륙의 귀족은 자기 국가의 대
의 기구를 위축시킨 자로 인식되었던 것이다.49)

가톨릭에 대한 비판은 군주나 귀족에게만 한정되지는 않았
다. 부정적인 인식은 여러 형태로 나타났다. 성직자의 경우
성모 숭배나 화체설 등으로 복음을 왜곡하고 거짓 교리를
조장한다는 비난이 이루어졌다.50) 재정 지출이나51) 성직자의

---

48) Bernard Capp, *Astrology and the popular press*: *English almanacs
    1500 ~1800* (London: Faber, 1979), p.248.
49) Jeremy Black, *Natural and necessary enemies*: *Anglo-French relations
    in the eighteenth century* (London: Duckworth, 1986), pp.186, 192.
50) Colin Haydon, 'I love my King and my Country, but a Roman Catholic
    I hate': anti-catholicism, xenophobia and national identity in
    eighteenth-century England', in Tony Claydon and Ian McBride(eds.),
    Protestantism and national identity: *Britain and Ireland, c. 1650-c. 1850*
    (Cambridge: Cambridge University Press, 1998), pp.34.
51) 18세기 초 잉글랜드인이 로레토(Loretto)를 방문한 뒤 "성당에 수많
    은 보석과 귀중품이 묻혀 있음에도 불구하고 그 지역의 주민들이 거
    의 기아 상태에 있다는 것은 매우 부끄러운 일이다"라는 언급을 남

성적 문제[52] 등도 자주 언급되는 쟁점이기도 했다.

자유를 억압하는 지배자와 올바르지 못한 성직자를 지닌 대륙, 특히 프랑스의 하층민 실태 또한 비교의 대상이 되었다. 프랑스는 나태와 빈곤의 삶을 영위하고 있었던 반면 잉글랜드의 하층민은 자유를 향유하면서 행복하게 살아간다는 것이다.[53] 여기서도 가톨릭은 비난의 대상이 되었다. 즉 프랑스와 달리 잉글랜드의 합리적 교회가 그들 국민을 근면과 절제로 이끌었다는 것이다.[54]

잉글랜드가 프랑스에 비해 우월할 수밖에 없다는 반가톨릭주의는 국가에 대한 충성의 논리로 자리를 잡게 되었다. 그 결과 가톨릭주의자들은 여러 가지 부정적 평가를 받게 되었다. 먼저 그들은 로크(John Locke)의 언급처럼 그리스도가 아니라 교황에게 집중한다는 교리와 함께 다른 군주에게 충성하는 자로 낙인찍혔다.[55]

또한 당시 가톨릭 신자들은 이방인으로 묘사되었다. 1788

긴 사실이 그것을 잘 나타낸다. Jeremy Black, 'The catholic threat and the British press in the 1720s and 1730s', *Journal of religious history*, 12 (1983), p.366.

52) 고해를 했던 신부에게 농락을 당한 프랑스의 소녀 Catherine Cadière의 사례가 담긴 팸플릿이 1730년대 초에 적어도 11판이 인쇄되었다는 사실이 그것을 잘 나타낸다. Haydon, *Anti-Catholicism in eighteenth-century England*, p.38.

53) 프랑스의 영세한 농민들이 나무 신을 신은 채 수척한 모습으로 허리를 굽히면서 복종을 표시하는 그림을 그 예로 들 수 있다. Haydon, 'I love my King and my Country', in Claydon and McBride(eds.), *Protestantism and national identity*, p.35.

54) ibid.

55) ibid., p.39.

년 가톨릭에 대한 차별이 일부 철폐된 직후 발발한 고든 폭
동(the Gordon riots) 때 이탈리아 출신의 한 잉글랜드인은
'그 나라 사람이 아닌 것'(outlandish)으로 인식되었다.56) 이
는 당시의 관점에서 가톨릭은 진정한 잉글랜드 국민이 될
수 없다는 것을 의미하는 것이다.57)

이처럼 당시 잉글랜드에서 가톨릭은 '비잉글랜드적'(unEnglish)
으로 인식되었다. 이는 가톨릭에 대한 잉글랜드인의 차별성을
분명히 하는 것이다. 그러나 반가톨릭주의가 자리 잡는 과정은
그리 간단하지 않았다. 그것은 크게 다음의 두 가지로 나누어
볼 수 있다.

첫째, 교회 차원의 접근을 들 수 있다. 그것은 특별 예배,
설교 그리고 찬송 등을 통해 이루어졌다. ① 예배의 경우 매
년 11월 5일 화약 음모 사건을 소재로 한 특별 예배와 ②
추수 감사절에 자코바이트의 반란이 실패한 것을 기념하는
행사가 행해진 것을 그 예로 들 수 있을 것이다.58) 한편 설
교나 찬송은 당시 잉글랜드인들에게 공포심을 자극하는 화형
이나 에스파냐의 아메리카 수탈과 같은 가톨릭의 야만성 부

---

56) George Rudé, 'The Gordon riots: a study of the rioters and their
   victims', *Transactions of the royal historical society*, 5th ser., 6
   (1956), p.113.
57) 가톨릭을 도깨비 혹은 유모가 아이들을 놀라게 할 때 등장하는 유
   령처럼 묘사한 디포의 저작이 그것을 잘 나타낸다. Dineal Defoe,
   The great law of subordination consider'd (London: Sold by S.
   Harding; W. Lewis; T. Worrall; A. Bettesworth; W. Meadows;
   and T. Edlin, 1724), p.20.
58) Haydon, 'I love my King and my Country', in Claydon and
   McBride (eds.), *Protestantism and national identity*, p.38.

각과 더불어 하나님의 섭리에 상당 부분 초점이 모아졌다. 예를 들면 1714년 조지 1세(George Ⅰ)의 즉위와 그 이듬해 인 1715년에 루이 14세가 사망한 사실이 자주 언급되었다. 프로테스탄트 국왕의 즉위와 경쟁국 군주의 죽음에서 자코바 이트의 반란이 실패한 중요 원인을 관련지을 수 있기 때문 이다. 하나님의 섭리를 강조하는 다음의 찬송이 그것을 잘 나타낸다.

> 고마우신 하나님의 섭리가 국왕 조지를 즉위케 했고,
> 교황이 휘두른 권력을 징벌하시고,
> 여러분들의 삶과 자유를 지켜주시기 위해
> 여러분들의 적들로부터 보호해 주시네.59)

둘째, 출판물과 예술 작품 등을 통한 접근을 들 수 있다. 당시 저술의 형태는 다양했다. 서적 외에 신문, 팸플릿 그리 고 설교문 등이 바로 그것이다. 그러한 출판문은 경우에 따 라 학문적 뒷받침을 통한 성과도 있었다. 그러나 대체로 그 것의 수준은 하층민을 대상으로 했다.60) 그렇기 때문에 가톨

---

59) T. Harrison, *A sermon preach'd the 20th of January 1714/15*(1715), p.22 quoted in Haydon, *Anti-Catholicism in eighteenth-century England*, p.38.

60) 1770년 포츠머스(Portsmouth) 해군 공창의 화재 사건의 예가 그것 을 잘 나타낸다. 당시 그 지역의 한 급진 신문(*The Whisper*)은 그 것을 가톨릭교도가 했다는 기사를 남겼다. *The Whisper*, 86 (1771), pp.537-44. 그것의 목적은 공포심을 조장하자는 데 있었다. 즉 가톨릭에 대한 공포심을 자극하여 애국심을 고양시키자는 것이 바로 그것이다.

릭과의 지적 전쟁에서 승리했다는 것을 골자로 하는 그것은 분량이 적었거나,[61] 혹은 경비와 부피를 줄인 보급판이 주류를 이루었다.[62]

예술 작품 또한 반가톨릭주의를 표현하는 중요 매개체가 되었다. 당대의 화가였던 호가스(William Hogarth)의 작품을 그 예로 들 수 있다. 1748년의 작품인 '옛 잉글랜드의 구운 쇠고기'(The roast beef of old England) 혹은 '칼레 성문'(The Calais gate)은[63] 많은 것을 시사한다. 구멍 난 옷을 입은 수척한 프랑스 군인은 고기가 없는 국을 먹고, 가운데 있는 살찐 성직자는 옆에 있는 커다란 쇠고기덩이를 탐욕스럽게 보고 있다. 그림에 나타난 쇠고기는 잉글랜드의 번영을 상징한다. 프랑스의 피폐함과 대비되는 그것은 가톨릭의 문제를 부각시키는 동시에 적국인 프랑스의 잉글랜드에 대한 욕심을 경고하고 있다.

그러면 그렇게 조성된 반가톨릭주의는 어떠한 역할을 했을까? 그것은 크게 다음의 두 가지로 나누어 볼 수 있다. ① 가톨릭에 대한 직·간접인 대응과 ② 영국의 형성 등이 바로

---

61) 1766년에 출판된 24쪽의 『프로테스탄트 교리 문답』(*A protestant catechism: shewing the principal errors of the church of Rome, in four parts*)을 그 예로 들 수 있다.

62) 1753년에 출간된 화이트(John White)의 *The protestant Englishman guarded against the art and arguments of Romish priest and emissaries*가 2년 뒤에 *A new preservation against popery*로 출판된 것을 그 예로 들 수 있다. Haydon, 'I love my King and my Country', in Claydon and McBride(eds.), *Protestantism and national identity*, p.40.

63) 현재 그 그림은 런던의 테이트 미술관(Tate Gallery)에 소장되어 있다.

그것이다.

먼저, 가톨릭에 대한 대응부터 살펴보기로 하자. 18세기 잉글랜드에서는 경쟁국인 프랑스와 대항하기 위한 여러 움직임이 나타났다. 프로테스탄트인 그들과 구별되는 가톨릭 신자에 대한 경계가 이루어졌다. 그들은 일종의 제5열(fifth column)로 인식되었다. 때문에 가톨릭 신자들은 기회가 주어지면 반란에 가담할 것이라는 의심을 받게 되었다. 옥스퍼드셔(Oxfordshire)의 한국 교회 목사가 1739년에 남긴 다음의 언급에서 그것을 알 수 있다. "프랑스 혹은 에스파냐가 잉글랜드 해안으로 1,000명이 침입해 오면, 10,000명의 가톨릭이 가담할 것이다"가[64] 바로 그것이다. 이는 가톨릭에 대한 당시 사람들의 불신을 나타내는 단적인 예라 하여 좋을 것 같다.

가톨릭에 대한 경계는 직접적인 행동으로 이어졌다. 1756년 12월 헤리퍼드(Hereford)에서 발발한 곡물 폭동은 다음과 같은 사례를 남겼다. 당시 한 가톨릭 차지농은 자국민에게 7s. 6p.로 밀을 팔기보다는 프랑스인에게 5s.에 매매하겠다는 언급을 했다는 혐의를 받았다. 그 결과 그 지역 여성과 그러한 사악한 행위를 염두에 두고 있던 사람들이 그를 강에 빠뜨려 거의 익사 직전까지 가게 했었다.[65]

가톨릭에 대한 직·간접적 반발의 바탕에는 반외국 감정이 존재했다. 당시 잉글랜드의 적대국은 대체로 가톨릭 국가였다. 프랑스는 특히 그러했다. ① 에스파냐 계승 전쟁 기간에

---

64) Oxfordshire Archives, MS Oxf. Dioc., c. 651, f. 68.
65) NLW, 478 E, f. 16v.

프랑스의 루이 14세가 연감에서 괴물로 묘사된 것과[66] ② 7년 전쟁 시기에 뉴캐슬 공(Duke of Newcastle)이 10명의 프랑스 서번트와 요리사 등에게 호의적인 것을 이상하게 여긴 터너(Thomas Truner)의 언급[67] 등에서 그것을 엿볼 수 있다.

둘째, 영국의 형성을 알아보기로 하자. 18세기 잉글랜드가 가톨릭의 위협에 적극적으로 대처한 것은 프로테스탄티즘이 그들이 누린 자유의 원천이었다는 관념에서 비롯했다. 그러나 그것은 잉글랜드에만 한정되지 않았다. 스코틀랜드의 경우도 마찬가지였다. 장로교를 수호하고자 했던 그들 역시 프로테스탄티즘이 자유의 원천이었기 때문이다. 이는 18세기 잉글랜드와 스코틀랜드가 하나의 국민이라는 것을 상상할 수 있는 최소한의 공통분모가 있었다는 것을 의미한다.

당시 잉글랜드와 스코틀랜드가 하나의 공동체라는 상상이 자리 잡게 된 것은 대체로 그 세기 중반 이후였다. 물론 그 이전부터 그러한 바탕은 존재했다. 국민 계약 사상은 물론이거니와 1734~6년에 발행된 『엉겅퀴』(*The Thistle*)에서 강조한 헌정적 자유의 땅인 스코틀랜드론 등이 그것을 잘 보여준다. 그 잡지는 스튜어트 왕조의 부활론(Jacobitism)을 비판하면서, 스코틀랜드가 절대 군주 국가가 아니라 헌정적 자유의 땅이었음을 강조했다.[68] 이는 영국이라는 국민적 상상의

---

66) Capp, *Astrology and the popular press*, p.248.
67) Thomas Truner, *The diary of Thomas Turner 1754~1765* edited by David Vaisey (Oxford: Oxford University Press, 1984), p.160.
68) Colin Kidd, 'North Britishness and the nature of eighteenth-century

배경이 형성되고 있었음을 의미하는 것이다.

　　그러한 상황과 더불어 스코틀랜드인들의 해외 진출은 영국으로의 길을 더욱 공고히 할 수 있었다. 그것은 교육받은 계층이나 그렇지 못한 경우에도 해당되었다. 대학을 졸업한 청년에게 해외 진출은 상승 욕구의 배출구가 될 수 있었다. 당시 에든버러와 글래스고(Glasgow) 대학의 명성은 유럽에까지 그 명성을 떨치고 있었다. 바로 그러한 인재들이 해외로 진출했던 것이다. 1755년 벵골(Bengal)에 파견된 관리 249명 가운데 스코틀랜드 출신이 약 47%를 차지했던 것이 그것을 잘 나타낸다.69)

　　해외 진출의 기회는 교육을 받지 못한 청년에게도 열려 있었다. 군복무가 바로 그 대표적인 경우였다. 고지대의 용감한 청년들은 육군과 해군에 입대했다. 그 결과 나폴레옹 전쟁 당시 전체 지원병의 20%를 스코틀랜드 출신이 점하게 되었다.70) 이는 당시 잉글랜드와 스코틀랜드의 인구를 고려할 때 단순 비교를 초월하는 것이다.71)

　　바로 그러한 상황에서 이루어진 1800년의 통합법이 시사하는 바가 크다. 잉글랜드와 스코틀랜드는 오랜 갈등만큼이나 국민 통합의 요인들이 무르익었다. 그 결과 잉글랜드와

　　British patriotism', *Historical journal*, 39 (1996), pp.370-1.

69) Colley, *Britons*, p.128.

70) 이영석, '잉글랜드, 스코틀랜드, 국민 정체성', p.69.

71) 1800년의 경우 전체 인구에서 영국(웨일스 포함)은 전체 인구의 59%, 스코틀랜드는 10% 그리고 아일랜드는 31%였다. Woods, *The population of Britain*, p.22.

스코틀랜드의 국가 통합이 영국민으로의 통합으로 결실을 맺게 되었다.

그러나 영국과 아일랜드의 통합은 달랐다. 아일랜드는 1782년 아메리카 혁명과 같은 시대적 상황의 영향으로 영국의 국왕에게 충성을 하지만, 입법권을 가지는 독립 왕국이 되었다. 당시 아일랜드는 전체 인구의 약 80%를 차지하는 가톨릭에게 선거권은 부여한 반면 피선거권은 허락하지 않았다.[72]

영국에 대해 많은 불만이 고조되는 상황에서 프랑스 혁명과 나폴레옹 전쟁이 발발했다. 당시 프랑스는 영국에 대한 아일랜드의 반발을 이용하려 했다. 실제로 거기에 고무되어 아일랜드에서 봉기가 일어나기도 했다. 그와 같은 움직임에 자극을 받은 영국은 아일랜드를 합병하게 되었다. 그것이 1800년의 통합법이었다.[73]

이처럼 1800년의 통합법은 잉글랜드, 스코틀랜드 그리고 아일랜드에 서로 다른 의미를 부여했다. 잉글랜드와 스코틀랜드는 영국민이라는 국민 통합으로 그리고 영국과 아일랜드는 합병으로 이어졌다. 잉글랜드와 스코틀랜드는 반가톨릭주의라는 국민적 결속의 바탕을 통해 하나로 통합되었다. 그러나 잉글랜드와 스코틀랜드의 결합인 영국과 또 다른 국가인 아일랜드와의 결합은 다른 양상으로 나타났다. 프로테스탄티즘이라는 공감대가 없는 양국의 결합이 이후의 통합은커녕 정치적 갈등의 원인으로 자리 잡았기 때문이다.[74] 국민 통합

---

72) 아일랜드에서 가톨릭에게 피선거권이 부여된 때는 1829년이었다.
73) 박지향, 『슬픈 아일랜드』(서울: 새물결출판사, 2002), p.34.

의 중요성과 그에 관련된 종교의 역할을 다시 생각하게 하
는 부분이다.

---

74) 1937년에 남부 아일랜드가 독립된 사실이 그것을 잘 나타낸다.

VIII. 맺음말

　본 연구는 17~18세기 영국이 하나의 국가와 국민으로 통합되는 과정에 프로테스탄티즘이 어떠한 영향을 미쳤는가를 살펴보는 데 그 목적을 두었다. 아울러 그것을 통해 남과 북이 분단된 상황을 극복하는 과정에 과연 어떠한 인식이 기독교인에게 필요한가를 생각해 보고자 했다. 여러 가지 한계가 있었지만 대체로 다음과 같은 사실을 알 수 있었다.

　첫째, 오늘날 영국의 모습이 갖추어지는 계기는 1603년의 왕실 통합이었다. 그해에 엘리자베스 1세를 계승하여 스코틀랜드의 제임스 6세가 잉글랜드의 국왕으로 즉위하면서 한 명의 국왕이 두 왕국과 아일랜드를 통치하는 복합 왕국이 나타난 것이다. 그러나 왕실 통합은 결코 세 지역을 하나로 묶는 정치적 통일은 아니었다. 때문에 이질적인 요소로 구성된 복합 왕국의 확실한 통합은 보다 세심한 접근을 필요로 했다.

　둘째, 복합 왕국에서 하나의 국가와 국민의 통합으로 발전하기 위해서는 종교적 뒷받침이 필요했다. 무엇보다도 국왕이 신민의 종교와 조화를 이룰 필요가 있었다. 서양의 기독교적 전통은 권위의 최종을 하나님께 두고 있다. 바로 그 점이 세속 군주가 각별히 주의를 기울이는 부분이었다. 하나님과 일치되어야 정치적 통합이 가능하기 때문이다. 국왕의 종교 정책이 이후에도 계속 문제가 되는 것도 바로 그와 같은 이유에서 비롯된 것이다.

셋째, 복합 왕국의 이질적인 상황을 제대로 고려하지 않은 채 이루어진 종교적 통합의 추구는 영국 혁명이 발발하는 중요한 요인으로 작용했다. 그 과정에 스코틀랜드가 주도적인 역할을 했다. 그들은 당시 국왕의 종교 정책이 스코틀랜드의 장로교에 위협을 주는 상황에서 국민 계약을 통해 국왕에 대한 무력적 저항을 정당화시켰다. 그리고 장로교 수호와 전파라는 일관된 목적하에서 동맹의 대상으로 의회 또는 국왕을 선택했다.

넷째, 장로교의 수호와 전파라는 스코틀랜드의 의도는 크롬웰의 등장으로 상당한 제약을 받게 되었다. 그의 군대는 가나안을 정복하는 고대 이스라엘 민족이라는 믿음을 지녔고, 전투의 승리는 그것을 보다 분명하게 인식하게 했다. 그 결과 영국 혁명의 추이는 크롬웰의 종교관에 많은 영향을 받았다. 그의 관용적 입장이 장로교가 잉글랜드의 국교가 되는 것을 좌절시켰다. 그러나 그는 가톨릭은 용인하지 않았다.

또한 크롬웰은 자신을 이스라엘 사람들을 약속된 땅으로 이끌어 간 모세와 같다고 인식했다. ① 당시 잉글랜드인들은 스튜어트 왕조에 억류된 이스라엘 민족이었으며 ② 국왕 찰스 1세의 처형은 홍해를 건너는 일이었고 ③ 군대가 거둔 승리는 바로 이스라엘 민족을 이끄는 불기둥이었다. 바로 그러한 인식이 크롬웰의 강압적인 정책이 추구하게 된 배경이었다. 그러나 그의 정치는 인기가 없었다. 도덕 재무장 운동이나 세금 징수에 관해 당시 잉글랜드인들은 상당한 거부감을 지니고 있었다. 그 결과 왕정복고가 이루어졌다.

다섯째, 청교도 혁명에서 명예혁명 등의 과정을 경험하면서 가톨릭에 대한 거부감이 잉글랜드에 형성되었다. 그것은 1640〜1642년 잉글랜드를 내란의 소용돌이 속에 몰아넣었던 찰스 1세가 가톨릭과 우호적인 관계를 모색했다는 사실에서 출발하여 제임스 2세의 통치에서 경험한 산물이라 하여 좋을 것 같다. 가톨릭은 잉글랜드인들이 싫어하는 종교라는 차원을 넘어 유럽 대륙의 절대 군주처럼 독재와 개신교의 박해와 동일시되었던 것이다.

여섯째, 1707년에 이루어진 영국의 탄생에는 신교도의 왕위 계승을 확립하려는 잉글랜드의 정치적 목적과 장로교를 지키려는 스코틀랜드의 의도가 그 바탕에 존재했다. 또한 거기에는 양국의 상당한 양보가 있었다. 잉글랜드는 스코틀랜드에 경제적 지원을 그리고 스코틀랜드는 그들 국가를 포기했다. 서로의 독자성과 현실의 인정이 1707년 1월의 조약 비준과 하나의 국가로 이어졌던 것이다.

일곱째, 1707년의 통일이 국민 통합으로 이어지는 데는 하나의 국민이라는 정체성을 필요로 했다. 18세기 잉글랜드인들은 대외 전쟁, 특히 가톨릭 국가인 프랑스와의 전쟁에서 승리를 거두는 과정에서 뚜렷한 선택받은 자유인이라는 대외

차별 의식을 지닐 수 있었다. 특히 가톨릭 국가에 대한 우월
감은 그들 국가를 보다 나은 예루살렘으로 인식하게 했다. 7
년 전쟁 후, 1763년의 파리 평화 협정을 기념하여 잉글랜드
의 한 성직자가 행한 설교의 제목이 '모압에 대한 이스라엘
의 승리'였던 사실이 그것을 잘 나타낸다.

잉글랜드에서 형성된 대외 차별 의식은 반가톨릭주의를 통
해 대내 결속을 공고히 했다. 당시 잉글랜드인들에게 반가톨
릭주의는 종교적 신념을 넘어 이성적 행위였다. 그것이 폭군
을 상징하는 가톨릭에 저항하고 그들의 자유를 지킬 수 있
는 바탕이었기 때문이다.

그러한 국민 의식은 스코틀랜드와의 국민적 결성을 공고히
할 수 있었다. 장로교를 수호하고자 했던 스코틀랜드인들 역
시 프로테스탄티즘을 자유의 원천으로 생각했기 때문이다.
바로 그것이 잉글랜드와 스코틀랜드가 하나의 국민으로 묶어
질 수 있는 최소한의 공통분모였다. 두 지역 모두 프로테스
탄티즘을 매개로 헌정적 자유의 국가라는 국민감정이 자리
잡았기 때문이다. 또한 그 과정에 스코틀랜드인들이 관리나
군인 등으로 복무하면서 영국으로의 길을 더욱 공고히 할
수 있었다.

바로 그러한 국민 정체성의 형성이 남긴 결과는 1801년의
영국과 아일랜드의 통합에서 확인할 수 있다. 당시 잉글랜드
와 스코틀랜드는 하나의 국민으로 통합되었다. 그러나 영국
과 아일랜드와의 합병은 그렇지 않았다. 종교적 요인이나 국
민감정을 배제한 정치적 결합이었기 때문에 오히려 갈등의

요인으로 작용했던 것이다.

이렇게 볼 때 17~18세기 영국이 경험한 왕실 통합, 국가 통합 그리고 국민 통합의 과정은 그 과정에 군사적 정복과 같은 상호 갈등의 양상도 나타났지만, 프로테스탄티즘이라는 종교적 공감대의 확인과 더불어 그에 수반된 정치적 경제적 타협과 양보의 산물이었음을 결론으로 말할 수 있을 것 같다.

참고문헌

Anderson, Benedict, *Imagined communities*: *reflections on the origin and spread of nationalism* London: Verso, 1983.

Aylmer, G.E., *A short history of seventeenth-century England*, New York, 1963, 임희완(옮김), 『청교도혁명에서 명예혁명까지』, 서울: 三文, 1986.

Black, Jeremy, 'The catholic threat and the British press in the 1720s and 1730s', *Journal of religious history*, 12 (1983)

Black, Jeremy, *Natural and necessary enemies: Anglo-French relations in the eighteenth century*, London: Duckworth, 1986.

Brewer, John, *The sinews of power: war, money, and the English state, 1688-1783*, New York: Knopf, 1989(1988).

Browing, Andrew, ed., *English historical documents, 1660-1714,* London: Eyre & Spottiswoode, 1953.

Capp, Bernard, *Astrology and the popular press: English almanacs 1500-1800*, London: Faber, 1979.

Clark, G.N., *The later Stuarts, 1660-1714*, Oxford: Clarendon Press, 1934.

Claydon Tony and McBride, Ian, eds., *Protestantism and national identity: Britain and Ireland, c. 1650-c. 1850*, Cambridge: Cambridge University Press, 1998.

Coleman, D.C., *The economy of England 1450-1750*, Oxford: Oxford University Press, 1977.

Colley, Linda, *Britons: forging the nation 1707-1837*, New Haven: Yale University Press, 1992.

Cowan, E.J., 'The Union of the crowns and the crisis of the constitution in 17th century Scotland', in Dyrvik, S., Mykland, Knut and Oldervoll, Jan, eds., *The satellite state in the 17th and 18th centuries*, Bergen: Universitetsforlaget, 1979.

Cowan, Edward, 'The making of the national covenant', in Morrill, John, ed., *The Scottish national covenant in its British context*, Edinburgh: Edinburgh University Press, 1990.

Coward, Barry, *The Stuart age: England, 1603-1714*, London: Longman, 2nd edn., 1994(1980).

Cragg, Gerald R., *The church and the age of reason, 1648-1789*, Harmondsworth: Penguin, 1960, 송인설(옮김), 『근현대교회사』, 서울: 크리스챤다이제스트, 1999.

Cramer, Lloyd, 'Historical narrative and the meaning of nationalism', *Journal of history of ideas*, 58 (1997).

Davies, Godfrey, *The early Stuarts 1603-1660*, Oxford: The Clarendon Press, 2nd edn., 1967(1959).

Dickson, P.G.M., *The financial revolution in England: a study in the development of public credit, 1688-1756*, London: Macmillan , 1967.

Donaldson, G., *The making of the Scottish prayer book of 1637*, Edinburgh: Edinburgh University Press, 1954.

Donaldson, G., *Scotland: James V-James VI*, Edinburgh: Olive & Boyd, 1965.

Donaldson, G., ed., *Scottish historical documents*, Edinburgh: Scottish Academic Press, 1974.

Dyrvik, S., Mykland, Knut and Oldervoll, Jan, eds., *The satellite state in the 17th and 18th centuries*, Bergen: Universitetsforlaget, 1979.

Evelyn, John, *The diary of John Evelyn*, selected and edited by

Bowle, John, Oxford: Oxford Unviersity Press, 1985(1983).

Everitt, Alan, *The community of Kent and the Great Rebellion, 1640-60*, Leicester: Leicester University Press, 2nd impression, 1973(1966).

Ferguson, W., *Scotland's relation with England: a survey to 1707*, Edinburgh: Edinburgh University Press, 1977.

Firth, Chalrles, *Oliver Cromwell and the rule of the puritans in England*, London: Oxford University Press, 1953(1901).

Graves, M.A.R., and Slicock, R.H., *Revolution, reaction and the triumphant of conservatism*, Auckland: Longman Paul, 1986.

Greenfeld, Liah, *Nationalism: five roads to modernity*, Cambridge, Mass.: Harvard University Press, 1992.

Gruber, Michael, *The English revolution: a concise history and interpretation*, New York: Ardmore Press, 1967.

Haydon, Colin, *Anti-Catholicism in eighteenth-century England, c. 1714-80: a political and social study*, Manchester: Manchester University Press, 1993.

Haydon, Colin, ''I love my King and my Country, but a Roman Catholic I hate': anti-catholicism, xenophobia and national identity in eighteenth-century England', in Claydon Tony and McBride, Ian, eds., *Protestantism and national identity: Britain and Ireland, c. 1650-c. 1850*, Cambridge: Cambridge University Press, 1998.

Hayton, D.W., ed., *Political and economic writings of Daniel Defoe*, v, 4: *union with Scotland*, London: Pickering & Chatto, 2000.

Henderson, G.D., *The burning bush: studies in Scottish church history*, Edinburgh: St. Andrew Press, 1957.

Hey, David, *The Oxford guide to family history*, Oxford: Oxford University Press. 1993.

Hill, Christopher, *God's Englishman: Oliver Cromwell and the English revolution*, London: Weidenfeld & Nicolson, 1970.

Hill, Christopher, *Puritanism and revolution: studies in interpretation of the English Revolution of the 17th century*, New York: Schocken Books, 1964(1958).

Hirschberg, D.R., 'The government and church patronage in England, 1660-1760', *Journal of British studies*, 20 (1980).

Holmes, G.S., *Religion and party in late Stuart England*, London: Historical Association, 1975.

Hoppit, Julian, 'Political arithmetic in eighteenth-century England', *Economic history review*, 2nd ser., 44 (1996).

Jones, J.R., *The revolution of 1688 in England*, London: Weidenfeld and Nicolson, 1972.

Karsten, Peter, *Patriot-heroes in England and America: political symbolism and changing values over three centuries*, Madison: University of Wisconsin Press, 1978.

Kennedy, Paul, *The rise and fall of the great powers: economic change and military conflict from 1500 to 2000*, New York: Random House, 1987.

Kenyon, John, *The civil wars of England*, London: Weidenfeld and Nicolson, 1989.

Kidd, Colin, 'North Britishness and the nature of eighteenth-century British patriotism', *Historical journal*, 39 (1996).

Kohn, Hans, 'The genesis and character of English nationalism', *Journal of history of ideas*, 1 (1940).

Larkin, James F., and Hughes, Paul L., ed., *Stuart royal proclamations*, vol. 1; *Royal proclamations of King James I, 1603-1625*, Oxford: Clarendon Press, 1973.

Lee Jr., Maurice, *The road to revolution: Scotland under Charles I, 1625-39*, Urbana: University of Illinois Press, 1985.

Lynch, Michael, *Scotland: a new history*, London: Pimlico, 1992.

Macinnes, A.I., 'The Scottish constitution, 1638-51: the rise and fall of oligarchic centralism', in Morrill, John, ed., *The Scottish national covenant in its British context*, Edinburgh: Edinburgh University Press, 1990. Morrill(ed.), *The Scottish national covenant.*

Maurois, Andre, *Histoire d'angleterre*, Paris: Artheme Fayard, 1937, 신용석(옮김), 『영국사』, 서울: 홍성사, 1981.

McCoy, F., *Robert Baillie and the second Scots reformation*, Berkeley: University of California Press, 1974.

Miller, John, *Popery and politics in England 1660-1688*, Cambridge: Cambridge University Press, 1973.

Morgan, Kenneth O., *The Oxford history of Britain*, Oxford: Oxford University Press, 1988, 영국사연구회(역), 『옥스퍼드 영국사』, 서울: 한울, 1994.

Morrill, John, 'The national covenant in its British context', in Morrill, John, ed., *The Scottish national covenant in its British context*, Edinburgh: Edinburgh University Press, 1990.

Morrill, John, ed., *The Scottish national covenant in its British context*, Edinburgh: Edinburgh University Press, 1990.

Notestein, W., 'The establishment of the committee of both kingdoms', *American historical review*, 17 (1912).

Ogilvie, James D., 'Church union in 1641', *Records of the Scottish church history*, 1 (1926).

Overton, Mark, *Agricultural revolution in England: the transformation of the agrarian economy 1500-1850*, Cambridge: Cambridge University Press, 1996.

Pocock, J.G.A., ed., *Three British revolutions: 1641, 1688, 1776*, Princeton: Princeton University Press, 1980.

Rogers, Nicholas, *Whigs and cities: popular politics in the age of Walpole and Pitt*, Oxford: Clarendon, 1989.

Rudé, George, 'The Gordon riots: a study of the rioters and their victims', *Transactions of the royal historical society*, 5th ser., 6 (1956).

Russell, Conrad, *The causes of the English civil war*, Oxford:

Clarendon Press, 1990.

Schwoerer, Lois G., 'The bill of rights: epitome of the revolution of 1688-89', in Pocock, J.G.A., ed., *Three British revolutions: 1641, 1688, 1776*, Princeton: Princeton University Press, 1980.

Smith, Alan G.R., *The emergence of a nation state*, New York: Longman, 1984.

Steel, Margaret, 'The politick christian: the theological background to the national covenant', in Morrill, John, ed., *The Scottish national covenant in its British context*, Edinburgh: Edinburgh University Press, 1990.

Stevenson, David, *The Scottish revolution 1637-1644: the triumph of the covenanters*, Newton Abbot: David & Charles, 1973.

Terry, C.S., *The Cromwellian union*, Edinburgh: Scottish history society, 1902.

Thompson, F.M.L., 'The social distribution of landed property in England since the sixteenth century', *Economic history review*, 2nd ser., 19 (1966).

Tilly, Charels, ed., *The formation of national states in western Europe*, Princeton: Princeton University Press, 1975.

Truner, Thomas, *The diary of Thomas Turner 1754-1765*, edited by Vaisey, David, Oxford: Oxford University Press, 1984.

Ward, Paul, *Red flag and Union Jack: Englishness, patriotism, and the British left, 1881-1924*, Woodbridge: Boydell Press, 1998.

Williams, E.N., *The eighteenth century constitution, 1688-1815: documents and commentary*, Cambridge: Cambridge University Press, 1960.

Williams, E.N., *A documentary history of England*, vol. 2: 1559-1931, Harmondsworth: Penguin Books Ltd., 1965.

Willigan, J. Dennis and Lynch, Katherine A., *Sources and methods of historical demography*, New York: Academic Press, 1982.

Woods, Robert, *The population of Britain in the nineteenth century*

Basingstoke: Macmillan, 1992.

Wrigley, E.A., 'The growth of population in eighteenth-century England: a conundrum resolved', *Past and present*, 98 (1983).

김대륜, '18세기 영국에서 국민, 민족주의, 제국-주요 연구들에 대한 재검토-', 『영국연구』 3 (1999).

김민제, '서평: England, Britain, Great Britain, United Kingdom의 차이를 아십니까? Norman Davis, *The isles: a history* (Oxford; Oxford Univ. Press, 1999), Pp.1222+xlii.', 『영국연구』 5 (2001)

김성룡, '영국 역사 인구학의 성과와 과제', 『大丘史學』 第44輯 (1992).

김윤동, '영국 Puritanism과 Puritan 혁명에 관한 연구', 장로회신학대학 신학대학원 석사학위논문 (1993).

김중락, '1641년 잉글랜드의 분열과 스코틀랜드', 『大丘史學』 第55輯 (1998).

김중락, '영국혁명(the British Revolution), 국민계약 그리고 저항의 정당화' 『영국연구』 2 (1998)

김중락, '다니엘 디포우(Daniel Defoe)와 국가통합논쟁', 『大丘史學』 第79輯 (2005).

김중락, '국왕 죽이기: 잉글랜드 찰스 1세의 재판과 반역법', 『영국연구』 제15호 (2006).

김현수(역), 『왕실 스코틀랜드 영국사』, 서울: 대한교과서, 1993.

김현수, 『영국사』, 서울: 대한교과서, 1997.

박지향, 『영국사: 보수와 개혁의 드라마』, 서울: 까치, 1997.

박지향, 『슬픈 아일랜드』, 서울: 새물결출판사, 2002.

박지향, '다니엘 디포가 밟은 영국 땅과 통합왕국의 이상', 『서양사연구』 제32집 (2005).

吳主煥, '英國革命史 研究의 實相', 『慶北史學』 第五輯 (1982).

吳主煥, '젠트리와 法律敎育', 『慶北史學』 第7輯 (1984).

吳主煥, '英國革命史觀의 변천', 吳主煥外(共著), 「革命·思想·社會變動」, 大邱: 慶北大學校 出版部, 1992.

吳主煥外(共著), 「革命·思想·社會變動」, 大邱: 慶北大學校 出版部, 1992.

이영석, '잉글랜드, 스코틀랜드, 국민 정체성', 『大丘史學』 第66輯 (2002).

이종은, '영국혁명의 의의 및 크롬웰의 역할', 『정치사상연구』 2집 (2000).

李憲均, 'Anne女王時代 英國議會政治의 構造', 慶北大學校 大學院 文學博士學位論文 (1987).

임희완, 『영국혁명과 종교적 급진 사상』, 서울: 새누리, 1993.

정성한, 『한국 기독교 통일 운동사』, 서울: 그리심, 2003.

조승래, '18세기 애국주의 담론과 국민적 정체성의 형성', 『영국연구』 1 (1997).

趙源弘, 'Johannes Althusius의 國家論', 『大丘史學』 第32輯 (1987).

홍치모, 『스코틀랜드 종교개혁과 영국혁명, 1560-1660』, 서울: 총신대학 출판부, 1991.

색 인

3년 의회법 ; 47, 49
5마일 법 ; 85

ㄱ

가나안 ; 62, 78, 141
가우든 ; 66
가톨릭 ; 14, 29, 31, 32, 34,
　　　35, 37, 41, 43, 44,
　　　50, 51, 51, 71, 85,
　　　86, 88, 89, 90, 91,
　　　92, 93, 96, 97, 98,
　　　100, 101, 102, 106,
　　　108, 113, 114, 118,
　　　125, 126, 127, 128,
　　　129, 130, 131, 132,
　　　133, 134, 136, 141,
　　　142, 143
가톨릭 음모 사건 ; 88, 89
감독 제도 ; 29, 30, 31, 34
고든 폭동 ; 130

고전적 공화주의 ; 66, 67
공위 시대 ; 70
공화정 ; 58, 64, 65, 69, 72
관용법 ; 99
국교회 ; 14, 28, 29, 30, 32,
　　　33, 57, 70, 84, 85,
　　　87, 89, 91, 93, 98,
　　　99 102, 107
국민 계약 ; 5, 17, 21, 34,
　　　36, 39, 40, 41, 42,
　　　43, 44, 46, 47, 48,
　　　49, 50, 51, 61, 62,
　　　67, 72, 114, 134, 141
국민 계약파 ; 41, 43, 44, 46,
　　　47, 48, 49, 50, 51,
　　　62, 67
국민 정체성 ; 15, 16. 112,
　　　115, 116, 119, 120,
　　　125, 126, 135, 143,
　　　153
궁정당 ; 89

권리 장전 ; 96, 97, 98, 101
그렌코 학살 ; 102, 104
글래스고 ; 42, 46, 135
글로스터 ; 101, 105
기도서 ; 31, 32, 33, 34, 35,
        36, 51, 85

ㄴ

나폴레옹 전쟁 ; 121, 135,
        136
낙스 ; 28, 32
네덜란드 ; 72, 82, 83, 86,
        88, 93
네이스비 전투 ; 55
노르만 정복 ; 25, 116, 117
노르만의 멍에 ; 116, 119
노팅엄 ; 50
뉴암스텔담 ; 88
뉴욕 ; 88

ㄷ

다리엔 사건 ; 102, 104, 105,
        107
단기 의회 ; 47
대헌장 ; 117
독립파 ; 57, 58, 60, 61, 70
디포 ; 24, 31, 104, 105,
        106, 107, 109, 110,

        112, 113, 114, 115,
        130, 152

ㄹ

라오디게아교회 ; 59
랭커셔 ; 62
런던 ; 24, 27, 30, 32, 36,
        48, 49, 58, 81, 82,
        83, 91, 93, 102
레슬리 ; 45, 54
로드 ; 21, 31, 32, 33, 34,
        35, 40, 43, 49, 50
루이 14세 ; 86, 93, 128,
        131, 134
루이 16세 ; 69
리처드 2세 ; 65
리처드 3세 ; 65

ㅁ

마스턴 무어 전투 ; 55
메리 2세 ; 94, 96, 101, 102,
        103
멜빌 ; 28, 30
명예 혁명 ; 5, 15, 69, 72,
        77, 91, 93, 96, 97,
        99, 100, 102, 110,
        118, 142, 146
모데나 ; 88, 92, 93

모세 ; 78, 141
몬머서 ; 91
몽크 ; 81
무적 함대 ; 118

ㅂ

반가톨릭주의 ; 114, 126, 127, 129, 130, 132, 136, 143
배척 법안 ; 89
버윅 ; 46
버윅의 평화 ; 46
베어본즈 의회 ; 74
벵골 ; 135
복합 왕국 ; 22, 23, 24, 27, 34, 51, 55, 75, 140, 141
부정 신조 ; 41
불응 법안 ; 61, 64
브레다 선언 ; 81, 82
비국교도 ; 84, 85, 86, 99, 100, 113
비밀 집회법 ; 85
빌라델비아교회 ; 59

ㅅ

생 제르맹 ; 101
선택받은 자유인 ; 115, 118,

119, 125, 126, 142
성모 숭배 ; 128
성실청 ; 84
성자 의회 ; 74
수평파 ; 58, 67
스코틀랜드 ; 13, 14, 16, 17, 18, 21, 22, 23, 24, 25, 27, 28, 29, 30, 31, 32, 33, 34, 35, 36, 40, 41, 42, 43, 44, 45, 46, 47, 48, 49, 50, 51, 52, 54, 55, 56, 58, 59, 60, 61, 62, 63, 64, 67, 72, 73 74, 75, 81, 88, 90, 99, 102, 103, 104, 105, 106, 107, 108, 109, 110, 112, 113, 114, 115, 116, 120, 127, 134, 135, 136, 140, 141, 142, 143, 152, 153
스코틀랜드 안전법 ; 108
스콘 ; 33
스태포드셔 ; 123
스털링 ; 33
스튜어트 왕조 ; 78, 82, 106, 134
스트래퍼드 ; 40, 47, 50
스페인 ; 104

신교 자유령 ; 86, 87, 92
신교도 ; 44, 71, 90, 91, 92,
　　　99, 101, 110, 142
신형군 ; 55
심사법 ; 87, 92

ㅇ

아가일 ; 62, 103
아르미니우스주의 ; 43
아메리카 독립 전쟁 ; 125
아일랜드 ; 13, 14, 16, 17,
　　　22, 23, 25, 47, 48,
　　　49, 50, 52, 57, 71,
　　　74, 75, 90, 115, 135,
　　　136, 137, 140, 143,
　　　152
알투지우스 ; 42
앤 ; 101, 105, 106
얼스터 ; 71
엄숙 동맹과 계약 ; 51, 54
에드워드 2세 ; 65
에딘버러 ; 32, 35, 36, 51,
　　　63, 103, 135
에블린(John Evelyn) ; 82
에스파냐 ; 26, 56, 121, 130,
　　　133
엘리자베스 1세 ; 13, 23, 27,
　　　29, 32, 118, 140
연쇄 충격 효과론 ; 48

영국 ; 8, 10, 13, 14, 17, 21,
　　　22, 24, 27, 28, 29,
　　　30, 41, 48, 51, 52,
　　　55, 56, 57, 58, 60,
　　　61, 62, 63, 64, 66,
　　　68, 69, 70, 71, 72,
　　　73, 74, 75, 76, 78,
　　　79, 80, 83, 84, 85,
　　　86, 87, 89, 90, 91,
　　　92, 93, 96, 97, 98,
　　　102, 103, 104, 110,
　　　112, 113, 114, 115,
　　　119, 121, 122, 124,
　　　132, 134, 135, 136,
　　　140, 141, 142, 143,
　　　144, 150, 152, 153
영국 혁명 ; 13, 17, 21, 22,
　　　28, 30, 41, 48, 51,
　　　52, 55, 56, 57, 58,
　　　60, 61, 62, 63, 64,
　　　70, 71, 72, 73, 74,
　　　75, 78, 79, 80, 84,
　　　86, 91, 141
옥스퍼드 ; 55, 57, 63, 70,
　　　74, 76, 78, 79, 80,
　　　83, 85, 87, 133, 150
와이트섬 ; 60
왕당파 ; 13, 40, 49, 55, 61,
　　　62, 70, 75, 78, 81,
　　　117

왕실 통합 ; 5, 13, 14, 15,
    16, 19, 27, 34, 73,
    105, 108, 140, 144
왕약파 ; 61, 62, 63
왕위 계승법 ; 98, 101, 105
왕정 복고 ; 5, 15, 70, 77,
    81, 82, 83, 84, 142
외국인 법 ; 108, 109
요나 ; 114
요크 ; 48, 54, 87 88, 89, 91
우스터의 전투 ; 72
웨일스 ; 13, 17, 62, 135
윈저 ; 63
윌리엄 ; 93, 94, 96, 99, 101,
    102~106, 114
의회파 ; 54, 55
입헌 군주론 ; 66, 67
잉글랜드 ; 13, 14, 16, 17,
    18, 20, 21, 22, 23,
    24, 25, 26, 27, 28,
    29, 30, 31, 32, 33,
    34, 40, 41, 46, 47,
    48, 49, 50, 51, 52,
    54, 55, 56, 58, 59,
    60, 61, 62, 63, 64,
    65, 66, 67, 68, 70,
    71, 72, 73, 75, 76,
    78, 79, 80, 82, 83,
    84, 86, 90, 92, 93,
    97, 98, 99, 100, 101,
    102, 104, 105, 106,
    107, 108, 109, 110,
    112, 113, 114, 115,
    116, 117, 118, 119,
    120, 121, 122, 123,
    124, 125, 126, 127,
    128, 129, 130, 132,
    133, 134, 135, 136,
    140, 141, 142, 143,
    152, 153
잉글랜드 은행 ; 122
잉글랜드 혁명 ; 20, 21, 22,
    49

ㅈ

자일즈의 항거 ; 34
자코바이트 ; 103, 104, 114,
    127, 130, 131
잔부 의회 ; 64, 65, 66, 71,
    74
장기 의회 ; 21, 49, 49, 67
장로 제도 ; 30, 57
장로교 ; 14, 21, 28, 29, 30,
    35, 42, 43, 50, 51,
    52, 55, 56, 57, 59,
    60, 61, 73, 79, 90,
    99, 102, 107, 110,
    113, 114, 134, 141,
    142, 143

장로파 ; 56, 57, 58, 61, 64, 70
정치 산술가들 ; 122
제1차 잉글랜드 내란 ; 50
제임스 1세 ; 23, 24, 25, 26, 27, 28, 29, 30, 31, 32, 34, 41, 43, 105
제임스 2세 ; 87, 91, 92, 93, 94, 96, 97, 99, 100, 101, 102, 103, 104
제임스 6세 ; 13, 23, 24, 28, 140
젠트리 ; 25, 44, 119, 152
종교 개혁 ; 28, 30, 35, 41, 51, 72,73, 118, 119
주교 전쟁 ; 46, 47, 48, 49
주교 제도 ; 42, 43, 46, 113
지방당 ; 89

ㅊ

찰스 1세 ; 21, 31, 32, 33, 34, 35, 36, 40, 41, 43, 44, 45, 46, 47, 48, 49, 50, 54, 55, 56, 57, 60, 61, 62, 63, 64, 65, 66, 67, 68, 69, 69, 70, 71, 72, 79, 81, 82, 96, 100, 141, 142, 152

청교도 혁명 ; 5, 14, 15, 16, 39, 39, 52, 69, 72, 92 100, 117, 118, 142
총회 ; 30, 42, 46, 51, 113, 114
추수 감사절 ; 130
충성심 ; 47, 119

ㅋ

컨벤션 의회 ; 81
켄터베리 ; 93
켄트 ; 123
크롬웰 ; 16, 28, 52, 54, 55, 57, 58, 60, 62, 63, 64, 68, 70, 71, 72, 73, 74, 75, 76, 78, 79, 80, 81, 83, 84, 106, 141, 142, 153
클라렌든 법 ; 85

ㅌ

통일 왕국 ; 13, 14
통치 헌장 ; 75
통합법 ; 13, 17, 22, 109, 110, 135, 136
튜더 ; 84, 119
트위드강 ; 48

ㅍ

파리 평화 협정 ; 125, 143
퍼스의 5개 조항 ; 30, 31,
    32, 35
평화법 ; 108
포트 윌리엄 ; 103
프라이드 ; 64, 71
프랑스 ; 44, 56, 81, 86, 88, 93,
    106, 108, 113, 114,
    118, 124, 125, 126,
    127, 128, 129, 132,
    133, 134, 136, 142
프레스턴 전투 ; 63
프레이즈-간 ; 74
프로테스탄티즘 ; 10, 14, 15,
    16, 88, 113, 125,
    127, 128, 134, 136,
    140, 143, 144

ㅎ

하일랜즈 ; 103
항해법 ; 107
햄프턴 코트 ; 28, 60
헨리 6세 ; 65
헨리 7세 ; 23
협동법 ; 84
호가스 ; 132
호국경 ; 70, 74, 75, 78, 80,
    81
화약 음모 사건 ; 118, 130
화이트홀 ; 70, 91
화체설 ; 31, 128
화형 ; 130
획일법 ; 85
휘그 ; 21, 90, 93, 98, 99,
    100, 101

저자소개

김성룡

경북대학교 인문대학 사학과(문학사)
경북대학교 대학원 사학과(문학석사)
University of Winchester(영국) Ph.D research student
경북대학교 대학원 사학과(문학박사)
영남신학대학교 조교수

17-18세기 영국의 국민 통합과 프로테스탄티즘

• 초판 인쇄	2007년 6월 25일
• 초판 발행	2007년 6월 25일
• 지 은 이	김성룡
• 펴 낸 이	채종준
• 펴 낸 곳	한국학술정보㈜
	경기도 파주시 교하읍 문발리 526-2
	파주출판문화정보산업단지
	전화 031) 908-3181(대표) · 팩스 031) 908-3189
	홈페이지 http://www.kstudy.com
	e-mail(출판사업부) publish@kstudy.com
• 등 록	제일산-115호(2000. 6. 19)
• 가 격	11,000원

ISBN   978-89-534-6613-5 93920 (Paper Book)
            978-89-534-6614-2 98920 (e-Book)